CARL JUNG

Lecciones de un Sabio

Descifrando Los Arquetipos, La Sombra, Las Sincronicidades, Los Sueños, Los Símbolos, Mandalas Y El Inconsciente Colectivo

Malcolm J. Austin

METAFÍSICA DEL YO SOY

Copyright © 2024 por Malcolm J. Austin

Todos los derechos reservados. Ninguna parte de este libro puede ser reproducida, distribuida o transmitida en cualquier forma o por cualquier medio, incluyendo fotocopiado, grabación u otros métodos electrónicos o mecánicos, sin el permiso previo por escrito del autor, excepto en el caso de breves citas incorporadas en reseñas críticas y ciertos otros usos no comerciales permitidos por la ley de derechos de autor.

Primera edición, 2024

Contenido

Prefacio 1

1. La vida temprana e influencias de Carl Jung 3

2. La ruptura con Freud: Divergencia en el pensamiento psicoanalítico 8

3. Fundamentos de la Psicología Analítica 15

4. La estructura de la psique: La conciencia y el inconsciente 20

5. El inconsciente colectivo 24

6. Arquetipos: Símbolos universales del inconsciente colectivo 30

7. La Persona y la Sombra: Aspectos duales del yo 38

8. Anima y Animus: Los opuestos internos de género 48

9. El arquetipo del yo y el mandala 53

10. El proceso de individuación: Viaje hacia la Totalidad.... 58

11. Tipos psicológicos: Introversión y Extraversión 62

12. Las cuatro funciones psicológicas: Pensar, Sentir, Percibir, Intuir 67

13. El análisis de los sueños en la psicología junguiana 72

14. Símbolos y simbolismo: El lenguaje del inconsciente 79

15. Sincronicidad: Coincidencias significativas 84

16. Imaginación activa: Comprometerse con el inconsciente 90

17. Alquimia y Transformación en la Obra de Jung 98

18. La Mitología y el Inconsciente Colectivo 103

19. Arquetipo del Viaje del Héroe 108

20. Arquetipo del Anciano Sabio 117

21. Los arquetipos de la madre y el niño 122

22. El concepto de Jung de complejos y proyección psicológica 127

23. La función trascendente: Tendiendo puentes entre lo consciente y lo inconsciente 133

24. Enantiodromía e inflación psicológica 141

25. La exploración de Jung de las filosofías orientales 146

26. Religión y Espiritualidad en la Psicología Junguiana ... 151

27. Arte y Creatividad en la Teoría Junguiana 156

28. Contribución de Jung a la evaluación de la personalidad
.... 162

29. La ciencia y lo paranormal: Las investigaciones de Jung
.... 167

30. El legado de Carl Jung: Impacto en la Psicología y más allá 172

Sobre el Autor 176

Carl Gustav Jung

CARL JUNG

Lecciones de un Sabio

Por Malcolm J. Austin

Prefacio

Pocos pensadores han logrado que sus ideas trasciendan el ámbito de su disciplina para convertirse en un legado universal. Carl Gustav Jung no sólo transformó nuestra manera de entender la psique, sino que también amplió los horizontes de lo humano al explorar territorios donde convergen lo racional y lo intuitivo, lo personal y lo colectivo, lo visible y lo oculto. Este texto se adentra en esa riqueza conceptual con la intención de capturar la esencia de su obra.

Cada página ofrece una reflexión pausada sobre los pilares de la psicología analítica: la profundidad insondable del inconsciente colectivo, los arquetipos que atraviesan culturas y eras, y el proceso de individuación, entendido como un viaje hacia la plenitud de uno mismo. Aquí, las ideas de Jung no se presentan como verdades herméticas, sino como luces que invitan a la exploración y al descubrimiento.

Es importante aclarar que este libro no es una guía ni una obra complementaria. En cambio, se trata de un manual completo diseñado para descifrar y comprender, de manera sencilla, la psicología y los postulados de Carl Jung. Este libro, es un espacio para el diálogo: entre el lector y los conceptos, entre el pensamiento de Jung y los ecos que éste despierta en nuestra experiencia contemporánea.

Más allá de los límites de la psicología, este libro sugiere que las ideas de Jung son una brújula para tiempos marcados por la fragmentación y la incertidumbre. Sus conceptos no son solo herramientas intelectuales; son un puente hacia lo atemporal, hacia aquello que, a pesar de los cambios, sigue definiendo nuestra humanidad. Aquí, el lector encontrará un relato que no busca simplificar, sino honrar la profundidad y la ambigüedad de un pensamiento que, más que respuestas, ofrece caminos.

Bienvenido

Malcolm J. Austin

1. La vida temprana e influencias de Carl Jung

¿Quién hubiera imaginado que un niño suizo, rodeado de castillos medievales y el estruendo del Rin, estaría destinado a revolucionar la comprensión de la mente humana? Carl Gustav Jung nació el 26 de julio de 1875 en Kesswil, Suiza, en una familia atrapada entre la devoción religiosa y el misticismo. Su padre, un pastor humilde, y su madre, una mujer de espíritu excéntrico y espiritualismo intrigante, ofrecieron al joven Carl un marco donde lo racional y lo irracional se entrelazaban.

La infancia de Jung, solitaria y llena de introspección, se desenvolvió en un escenario de simbolismos latentes. Desde temprana edad, el niño mostró un espíritu creativo y contemplativo, moldeado por las majestuosas cataratas del Rin y las piedras antiguas que hablaban de historias olvidadas. Este entorno inspirador fue su primer maestro en el lenguaje de los símbolos, algo que más tarde definiría su vida y obra.

Jung no era un niño común. A los once años, ya jugaba con rituales que revelaban su temprana conexión con el pensamiento simbólico. Su creación de un pequeño maniquí con mensajes ocultos, escondido en el ático, fue más que un juego: era un diálogo secreto con su propio inconsciente. Décadas después, lo reconocería como el germen de su técnica de "imaginación activa", un método para explorar los recovecos de la mente.

Sus sueños también contenían pistas de lo que vendría. A los tres años, soñó con un misterioso falo subterráneo en un trono, una imagen que muchos años después relacionaría con su idea del inconsciente colectivo. Esta capacidad para encontrar significado en lo aparentemente absurdo o inusual lo acompañaría toda su vida.

La compleja dinámica familiar jugó un papel crucial en su formación psicológica. Su madre, con su personalidad dual, era a la vez una esposa convencional y una figura enigmática, mientras que su padre luchaba con crisis de fe que desafiaban su entendimiento. Ambos dejaron huellas indelebles en la psique del joven Carl, dándole un temprano interés por la naturaleza de la religión y la dualidad humana.

Durante su adolescencia, Jung se destacó como un estudiante brillante pero aislado. Su amor por el latín y los textos clásicos le permitió sumergirse en mitologías y filosofías que más tarde serían la base de sus teorías sobre los arquetipos. A pesar de su éxito académico, sufrió episodios de desmayos que después entendería como manifestaciones físicas de conflictos internos.

En 1895, comenzó sus estudios de medicina en Basilea. La psiquiatría, descubierta a través de un libro que lo impactó profundamente, le ofreció la posibilidad de combinar ciencia y espiritualidad. Durante estos años universitarios, las sesiones de espiritismo con su prima Helene Preiswerk lo expusieron a fenómenos que, aunque engañosos, le proporcionaron material para reflexionar sobre la disociación de la personalidad y la autonomía del inconsciente.

La entrada de Jung en el Hospital Burghölzli[1] de Zúrich en 1900 marcó el inicio de su carrera profesional. Bajo la tutoría de Eugen Bleuler, desarrolló su test de asociación de palabras,[2] que ofreció una validación empírica para los complejos inconscientes. Este avance llamó la atención de Sigmund Freud, iniciando una colaboración que transformaría la psicología, aunque sus diferencias ya sembraban la semilla de una ruptura futura.

El matrimonio de Jung con Emma Rauschenbach en 1903 le otorgó estabilidad y apoyo emocional, permitiéndole explorar con más libertad sus ideas. Emma, una mujer de inteligencia formidable, no solo fue su compañera, sino también una colaboradora clave en su obra.

---

[1] El Hospital Psiquiátrico Universitario de Zúrich (Burghölzli) fue donde Jung trabajó como psiquiatra jefe de 1900 a 1909. Esta institución fue fundamental en el desarrollo de la psiquiatría moderna y la psicología analítica.

[2] El test de asociación de palabras, desarrollado por Jung entre 1902 y 1903, fue uno de los primeros métodos experimentales para explorar el inconsciente. El test medía el tiempo de reacción y las respuestas emocionales a palabras específicas.

Las primeras décadas de la vida de Jung fueron un tejido de experiencias diversas: visiones místicas, formación científica, tensiones familiares y descubrimientos intelectuales. Estas vivencias, llenas de aparentes contradicciones, lo llevaron a concebir la psique humana como un sistema complejo en busca de totalidad, integrando sus opuestos. Así, los primeros años de Jung no solo lo definieron como hombre, sino que sentaron las bases para un legado que sigue resonando en el estudio de la mente.

2. La ruptura con Freud: Divergencia en el pensamiento psicoanalítico

La relación entre Carl Jung y Sigmund Freud emerge como una de las asociaciones más significativas y conmovedoras en la historia de la psicología. Su vínculo, que se extendió entre 1907 y 1913, evolucionó de una colaboración apasionada a un cisma profundo que redefinió para siempre el estudio de la psique. Más allá de un simple desacuerdo teórico, su historia es un drama humano de mentoría, ambición y la búsqueda incansable de la verdad psicológica.

Su primer encuentro en 1907 fue extraordinario: una conversación de trece horas en la que exploraron con entusiasmo las profundidades de la teoría psicológica. Jung recordaría esta experiencia como un intercambio electrizante entre mentes afines. Sin embargo, ya desde el principio, germinaban las semillas de su conflicto.

Un momento crítico surgió durante una discusión peculiar sobre momias egipcias y cuerpos en pantanos. Freud, al notar el interés de Jung, preguntó abruptamente: "¿Por qué te fascinan tanto los cadáveres?" Insinuó que este interés podría revelar un deseo inconsciente de muerte hacia él. Jung, frustrado por esta reducción de su curiosidad a un supuesto deseo reprimido, experimentó una extraña tensión en el diafragma, acompañada de una intensa sensación de calor. De repente, un crujido proveniente de la biblioteca de Freud interrumpió la conversación, lo que Jung interpretó como un fenómeno catalítico. Freud, escéptico, desestimó la idea, exacerbando la tensión hasta el punto en que Jung se desmayó. Este incidente simbolizó su divergencia teórica: Freud, rígido en su enfoque sexual, y Jung, dispuesto a considerar explicaciones más amplias.

Para Freud, Jung representaba un brillante sucesor que llevaría el psicoanálisis al futuro. Jung, como psiquiatra respetado del Hospital Burghölzli, ofrecía al movimiento freudiano credibilidad científica, mientras que las teorías de Freud proporcionaban a Jung un marco útil para sus propias exploraciones. Su correspondencia inicial, rica en debates teóricos y revelaciones personales, muestra una relación de mentor y discípulo que parecía destinada a transformar la psicología.

Sin embargo, entre 1912 y 1913, sus cartas comenzaron a reflejar tensiones crecientes. Jung cuestionaba cada vez más la teoría sexual freudiana, señalando su incapacidad para abarcar dimensiones simbólicas y espirituales más profundas. Freud, en respuesta, adoptó un tono defensivo y dogmático, aferrándose al control de su doctrina. La ruptura parecía inevitable.

El trabajo clínico de Jung en Burghölzli fue fundamental en su alejamiento de Freud. Allí, sus experiencias con pacientes psicóticos le revelaron un inconsciente que iba más allá de los conflictos sexuales personales. El caso de "Miss Miller", una paciente que Jung analizó en 1912, destacó patrones simbólicos y mitológicos que posteriormente formaron la base de su teoría del inconsciente colectivo.

Emma Jung[3], esposa y colaboradora de Carl, desempeñó un papel crucial durante esta transición. Sus cartas de la época muestran su apoyo inquebrantable al desarrollo teórico de su esposo, aunque reconocía las contribuciones de Freud. Emma actuó como mediadora en momentos clave, aunque ni siquiera su influencia pudo evitar la separación definitiva.

Jung vivió esta ruptura como una crisis psicológica profunda, documentada en su autobiografía "Recuerdos, sueños, reflexiones". En un sueño notable, Jung descendía a través de capas históricas de una casa, hasta llegar a una cueva repleta de huesos antiguos. Para Freud, esto reflejaba un deseo de muerte; para Jung, simbolizaba una conexión con el inconsciente colectivo, un ámbito que trascendía la psicología personal.

En 1913, durante el Congreso Psicoanalítico de Múnich, Jung desafió

---

[3] Emma Jung (1882-1955) fue una analista y escritora junguiana por derecho propio. Además de apoyar el trabajo de su esposo, desarrolló importantes contribuciones a la teoría del ánimus y escribió estudios sobre el Santo Grial.

abiertamente la teoría de la libido de Freud, proponiendo una concepción más amplia de la energía psíquica que incluía dimensiones espirituales y creativas. La confrontación fue el punto culminante de su distanciamiento, y Jung renunció poco después a su cargo como presidente de la Asociación Psicoanalítica Internacional.

Esta ruptura permitió a Jung desarrollar la psicología analítica, libre de las restricciones teóricas de Freud. Exploró campos inusuales para su tiempo, como la mitología, la alquimia y las tradiciones espirituales orientales. Su **Libro Rojo**[4], iniciado en este periodo, es un testimonio de su exploración interior y su método de imaginación activa, que sentaron las bases de conceptos como los arquetipos y el proceso de individuación.

---

[4] El Libro Rojo (Liber Novus) es un manuscrito ilustrado creado por Jung entre 1914 y 1930, que contiene sus experiencias de confrontación con el inconsciente. Permaneció inédito hasta 2009, cuando fue publicado por primera vez, revolucionando la comprensión del desarrollo de las teorías junguianas

La visión materialista de Freud chocaba frontalmente con la creciente apreciación de Jung por la espiritualidad como una realidad psicológica. Para Freud, la religión era una ilusión; para Jung, era una dimensión esencial de la experiencia humana.

La ruptura tuvo consecuencias tanto personales como profesionales. Aislado de la comunidad psicoanalítica, Jung enfrentó una soledad creativa que catalizó algunas de sus contribuciones más duraderas. Describió este periodo como su "confrontación con el inconsciente", un tiempo de intensa introspección y transformación personal.

La divergencia entre Freud y Jung no solo reflejó diferencias teóricas, sino también abordajes opuestos hacia la psique humana. Mientras Freud veía la mente como un mecanismo impulsado por conflictos internos, Jung adoptó una visión más expansiva, buscando integrar los aspectos conscientes e inconscientes del ser.

Lejos de ser una simple ruptura, su separación marcó un punto de inflexión en la psicología moderna. Representa un momento en que múltiples enfoques se volvieron necesarios para comprender la complejidad de la mente humana. Gracias a esta divergencia, surgieron perspectivas complementarias que continúan enriqueciendo nuestro entendimiento de la conciencia y el comportamiento.

3. Fundamentos de la Psicología Analítica

¿Es posible que la psique humana encierre la llave de su propia sanación, un eco del cuerpo que sana sus heridas físicas? Carl Jung planteó esta provocadora pregunta al romper con las corrientes tradicionales del pensamiento psicoanalítico. En lugar de tratar a la mente como un mecanismo rígido y clasificable, Jung concibió un sistema fluido y lleno de paradojas que celebra la profundidad de la experiencia humana.

En el corazón de su Psicología Analítica yace la noción de la energía psíquica. Donde Freud redujo la libido a un impulso meramente sexual, Jung la reconoció como una fuerza vital que impulsa todos los procesos psicológicos, fluyendo entre los diferentes aspectos de la psique y alimentando su desarrollo. Los síntomas psicológicos, para él, no son más que señales de una energía bloqueada, clamando por ser comprendida.

La psique, según Jung, actúa como un sistema autorregulado que busca equilibrio e integridad. Cuando la consciencia se inclina demasiado hacia un extremo, el inconsciente responde con imágenes y símbolos que intentan corregir esa unilateralidad. Sueños, fantasías e incluso conflictos internos son los mensajeros que equilibran la balanza, si se les escucha con atención.

Revolucionario en su tiempo, Jung introdujo la idea de una psique que no solo reacciona, sino que sana de manera natural. En contraste con los métodos que buscan ajustar comportamientos o explorar exclusivamente traumas pasados, su enfoque abre espacio para la aparición de símbolos curativos desde lo profundo del inconsciente, ofreciendo caminos inéditos hacia la resolución de conflictos.

Pero Jung fue más allá de la simple búsqueda de causas; enfatizó el propósito y el significado de cada síntoma o experiencia psicológica. Para él, cada dificultad era una oportunidad de transformación, un paso hacia un yo más integrado. Este enfoque teleológico desafió la tendencia de su época de mirar siempre hacia el pasado en busca de explicaciones.

La Psicología Analítica también resalta la riqueza simbólica de la experiencia humana. Donde Freud veía en los símbolos significados fijos relacionados con deseos reprimidos, Jung les otorgó una vida propia. Para él, un símbolo es un puente hacia lo desconocido, un transmisor de energías que permite a la psique evolucionar.

En su modelo de tipos psicológicos, Jung evitó patologizar las diferencias humanas. Las distintas formas de relacionarse con el mundo no son defectos a corregir, sino expresiones únicas de una realidad plural. Este reconocimiento promueve una visión más inclusiva de la salud mental, celebrando la diversidad en lugar de imponer estándares uniformes.

En el ámbito terapéutico, Jung rompió con la jerarquía tradicional entre analista y paciente. Creía en un diálogo auténtico, un intercambio donde ambas partes se enriquecen y contribuyen al proceso de sanación. Esta visión contrasta con la postura autoritaria de otras escuelas psicológicas de su tiempo.

Además, Jung exploró cómo las fuerzas culturales y colectivas moldean la psique individual. Al reconocer que la experiencia personal está entrelazada con patrones históricos y culturales, su enfoque permite abordar tanto las heridas personales como las colectivas, ofreciendo una comprensión más amplia de la condición humana.

El arte y la creatividad, lejos de ser simples escapismos, ocupan un lugar esencial en su visión. Jung veía en las expresiones creativas una conexión con las fuerzas más profundas del alma, herramientas invaluables para la integración psicológica y el crecimiento personal.

Al rechazar las explicaciones reduccionistas, Jung abogó por aceptar la experiencia psicológica en sus propios términos. Esto incluye reconocer el valor de las contradicciones internas y permitir que las tensiones entre opuestos en la psique encuentren su resolución natural. Para él, los conflictos no eran obstáculos, sino puntos de inflexión hacia un entendimiento más amplio.

La meta de su enfoque no era solucionar problemas específicos, sino acompañar el proceso natural de desarrollo psicológico. Esto requería paciencia y confianza en la capacidad innata de la psique para moverse hacia su propia plenitud.

Finalmente, Jung transformó la visión del sufrimiento humano. En lugar de considerarlo una anomalía a erradicar, lo vio como un elemento esencial del crecimiento. Bajo su lente, el trabajo terapéutico no es una mera corrección, sino un viaje hacia la transformación y la búsqueda de significado.

4. La estructura de la psique: La conciencia y el inconsciente

El modelo de la psique de Jung sigue siendo uno de los intentos más profundos y detallados de desentrañar la complejidad de la conciencia humana. Aunque se fundamenta en la distinción entre elementos conscientes e inconscientes, su trabajo posterior profundizó en cómo estas dimensiones interactúan mediante flujos de energía que conectan mente y materia.

El ego, eje de la conciencia, actúa como el artífice de nuestra identidad y percepción diaria. Es la brújula que organiza nuestras decisiones, experiencias y relaciones con el entorno. Sin embargo, Jung lo describe como una diminuta isla rodeada por un vasto océano inconsciente, subrayando que nuestra conciencia es sólo una porción de la vasta psique.

El inconsciente personal alberga experiencias olvidadas, reprimidas o apenas percibidas. Dentro de este depósito operan los complejos, conglomerados emocionales que influyen silenciosamente en nuestras reacciones y comportamientos. Este contenido, alguna vez consciente o débilmente registrado, se relega al trasfondo, dejando huellas que emergen cuando menos lo esperamos.

Más allá yace el inconsciente colectivo, una herencia psicológica compartida por toda la humanidad. Aquí residen los arquetipos, patrones universales que moldean nuestro ser y actuar. Las experiencias individuales activan estos esquemas profundos, mientras que las energías arquetípicas colorean nuestras vivencias personales, revelando una danza incesante entre lo colectivo y lo individual.

Jung introdujo el concepto de inconsciente psicoide, una dimensión donde psique y materia interactúan en un nivel primigenio. Esta noción sugiere que ambos surgen de una realidad unificada que trasciende las divisiones tradicionales. En este ámbito residen los arquetipos psicoides, estructuras que simultáneamente organizan la experiencia interna y el mundo físico.

La energía psíquica o libido fluye a través de la psique, conectando sus componentes. Para Jung, esta fuerza vital no se limita al deseo sexual, como proponía Freud, sino que abarca impulsos instintivos, aspiraciones y vínculos emocionales. Su transformación, guiada por arquetipos, puede desencadenar tanto crisis como creatividad, dependiendo de cómo fluya o se estanque en la psique.

La visión de Jung integra principios de la física cuántica, especialmente la interacción entre observador y observado. La sincronicidad, coincidencias significativas entre eventos internos y externos sin una causa aparente, ejemplifica este entrelazamiento entre mente y materia, sugiriendo una conexión más profunda en los cimientos de la realidad.

La psique, autorregulada por su naturaleza, equilibra sus extremos a través de sueños, síntomas o sincronías. Esta interacción entre lo consciente y lo inconsciente refleja un sistema en constante ajuste, donde las dinámicas individuales, colectivas y psicoides mantienen un equilibrio esencial para el desarrollo y la sanación.

La estructura psíquica propuesta por Jung no sólo enriquece la psicología individual, sino que también ofrece herramientas para entender fenómenos culturales y movimientos colectivos. Al conectar el crecimiento personal con transformaciones sociales, Jung nos invita a explorar el tejido compartido de nuestra experiencia humana, donde cada hilo individual contribuye al diseño universal.

5. El inconsciente colectivo

Cuando era joven, Carl Jung tuvo un sueño poderoso: un falo subterráneo en un trono. Años después, identificaría esta visión como su primer encuentro con el inconsciente colectivo. Pero, ¿qué lo llevó de esta imagen enigmática a una idea revolucionaria? Todo comenzó con una pregunta: ¿por qué los seres humanos de todas las épocas y culturas comparten símbolos y motivos similares en mitos, religiones y sueños?

El inconsciente colectivo opera a un nivel universal que trasciende la experiencia personal, contrastando con el inconsciente individual, que almacena recuerdos y vivencias únicas. Es una reserva psíquica heredada, formada a lo largo de milenios, que contiene patrones comunes a toda la humanidad, sin importar raza, cultura o momento histórico. Más que una colección de recuerdos heredados, se trata de predisposiciones profundas para interactuar con el mundo.

Este depósito universal explica por qué símbolos y temas específicos emergen una y otra vez en culturas separadas por vastas distancias y épocas. La Gran Madre, por ejemplo, aparece en todas partes: desde Isis en Egipto hasta Deméter en Grecia, Guanyin en China y María en el cristianismo. Estas figuras no son copias unas de otras; provienen de una fuente psicológica común, del núcleo compartido del inconsciente colectivo.

Jung llamó a estos patrones arquetipos: moldes heredados que dan forma a la experiencia humana. No son recuerdos concretos, sino potenciales latentes que cada generación llena con su propio contenido cultural. El arquetipo del héroe, por ejemplo, varía desde Gilgamesh hasta Luke Skywalker, pero conserva elementos esenciales: valentía, sacrificio y transformación.

Este marco compartido influye profundamente en la cultura y el comportamiento humano. Desde las relaciones familiares hasta las experiencias espirituales, el inconsciente colectivo actúa como una base psicológica común que une a la humanidad. Se manifiesta en sueños, arte, mitología y religión.

Jung notó que muchos pacientes soñaban con símbolos que no conocían conscientemente, pero que coincidían con antiguos mitos universales. Del mismo modo, miedos y fascinaciones infantiles, inexplicables por experiencias personales, apuntan a esta capa psíquica universal.

El impacto del inconsciente colectivo trasciende lo individual y moldea movimientos sociales, resurgimientos religiosos y tendencias culturales. Los líderes que encarnan arquetipos poderosos evocan respuestas masivas, aprovechando estas fuerzas ancestrales para movilizar sociedades enteras. Incluso el consumo moderno, desde historias que capturan la imaginación hasta campañas de marketing que explotan símbolos universales, lleva la huella del inconsciente colectivo.

La ciencia moderna busca comprender este fenómeno. La psicología evolutiva y la genética ofrecen pistas: así como los genes transmiten características físicas, podrían también conservar predisposiciones psicológicas beneficiosas para la supervivencia. El inconsciente colectivo, en este sentido, podría ser una herencia evolutiva, un compendio de patrones que han servido a la especie a lo largo del tiempo.

Hoy, aunque a menudo pase desapercibido, el inconsciente colectivo sigue moldeando nuestras vidas. Define preferencias narrativas, impulsa tendencias de consumo y resuena en el discurso político con símbolos y temas que cruzan fronteras culturales. Este concepto no es un simple modelo psicológico: es la base misma de la experiencia humana. A través de esta red psíquica compartida, cada individuo conecta con la sabiduría acumulada de la humanidad, formando parte de un legado que abarca la totalidad de nuestra existencia.

Ejercicio: Collage de arquetipos

Este ejercicio tiene como objetivo ayudarte a reconocer y conectar con los arquetipos presentes en tu vida y en la sociedad en general. Los arquetipos son patrones universales que residen en el inconsciente colectivo y dan forma a nuestras experiencias y comportamientos.

Para comenzar, recopila imágenes de revistas, periódicos, fotografías personales o crea tus propios dibujos que representen diferentes arquetipos junguianos. Algunos ejemplos de arquetipos incluyen el héroe, la gran madre, el sabio, el explorador, el inocente, el rebelde, entre otros. No te limites a estos ejemplos; deja que tu intuición te guíe en la selección de imágenes que resuenen contigo.

Una vez que hayas reunido suficientes imágenes, crea un collage con ellas. Puedes hacerlo de manera física, recortando y pegando las imágenes en un papel o cartulina, o digitalmente, utilizando un programa de edición de imágenes. Al crear tu collage, presta atención a la composición y a cómo las imágenes interactúan entre sí.

Cuando hayas terminado tu collage, tómate un tiempo para reflexionar sobre las imágenes que has incluido y los arquetipos que representan. Hazte las siguientes preguntas:

¿Qué arquetipos parecen estar más presentes en mi vida en este momento?

¿Hay algún arquetipo que me gustaría incorporar más en mi vida?

¿Cómo influyen estos arquetipos en mis relaciones, decisiones y comportamientos?

¿Puedo reconocer estos arquetipos en las personas que me rodean o en la sociedad en general?

Este ejercicio te ayudará a ganar una mayor comprensión de las fuerzas arquetípicas que dan forma a tu experiencia y a la de los demás. Al reconocer y aceptar estos patrones universales, puedes desarrollar una mayor autoconciencia y empatía, así como aprovechar la sabiduría y la energía de los arquetipos en tu propio viaje de crecimiento personal.

Recuerda que los arquetipos no son categorías rígidas, sino energías dinámicas que pueden manifestarse de diversas maneras. Sé abierto a la ambigüedad y a las múltiples interpretaciones mientras exploras tu collage de arquetipos.

6. Arquetipos: Símbolos universales del inconsciente colectivo

«Hay tantos arquetipos como situaciones típicas en la vida», escribió Jung en una ocasión. Esta afirmación abre la caja de Pandora de las preguntas. ¿Qué significa realmente una «situación típica de la vida»? ¿De qué manera estos patrones universales moldean nuestras experiencias individuales? Y quizás lo más fascinante, ¿cómo reconciliar los arquetipos comunes con la diversidad infinita de culturas humanas y vivencias personales?

Los arquetipos son el núcleo de la teoría del inconsciente colectivo de Jung: patrones o imágenes universales que atraviesan culturas, épocas y vidas individuales. Estas formas primordiales emergen de las profundidades de la psique humana y se revelan en sueños, mitos, religiones y arte a lo largo de la historia. Jung los identificó tras analizar los sueños de sus pacientes y estudiar las mitologías de diversas civilizaciones, descubriendo sorprendentes similitudes en símbolos y temas entre culturas sin conexión alguna.

El concepto de arquetipos se originó en la observación de que ciertos símbolos aparecían recurrentemente en los sueños y fantasías de personas que no habían estado expuestas a ellos en su contexto cultural. Estos patrones trascendían lo individual, señalando un origen más profundo y compartido en la psique humana. Jung planteó que los arquetipos actúan como predisposiciones heredadas, maneras instintivas de percibir y responder al mundo, comparables a los comportamientos innatos de los animales.

Estos patrones no son imágenes heredadas, sino estructuras psicológicas que moldean cómo interpretamos y vivimos las experiencias. Actúan como una matriz que organiza nuestras percepciones, influyendo en emociones, relaciones e inclinaciones espirituales. Es similar a cómo una estructura cristalina define la forma de los minerales, estableciendo una predisposición a abordar los eventos de formas específicas.

Jung subrayó que los arquetipos son en esencia incognoscibles; podemos observarlos solo a través de las imágenes y símbolos que generan. Estas manifestaciones, aunque varían entre culturas, mantienen una estructura esencial constante. Por ejemplo, el arquetipo de la Gran Madre se manifiesta como María en el cristianismo, Kali en el hinduismo o Gaia en la mitología griega. Las representaciones específicas cambian, pero el patrón materno universal permanece intacto.

El poder de los arquetipos radica en su capacidad de conectar las vivencias individuales con patrones universales. Cuando enfrentamos situaciones como el nacimiento, la muerte, el amor o el conflicto, los arquetipos se activan, generando respuestas emocionales y entendimientos intuitivos. Esto explica por qué ciertas historias, símbolos o imágenes nos conmueven profundamente, incluso cuando los encontramos por primera vez.

Cada arquetipo contiene aspectos de luz y sombra, reflejando el espectro completo del potencial humano. El Héroe, por ejemplo, simboliza tanto el coraje y la victoria como la arrogancia y la caída trágica. Esta dualidad les otorga un poder transformador único, ya que comprometerse con ellos implica enfrentar tanto sus aspectos positivos como los negativos.

Los arquetipos tienen un potencial transformador porque pueden tender puentes entre lo consciente y lo inconsciente. Cuando una imagen o situación arquetípica resuena con las circunstancias actuales de una persona, puede desencadenar un cambio psicológico profundo. Esto sucede porque los arquetipos están cargados de energía emocional y simbólica, facilitando la integración de lo inconsciente en la conciencia.

Jung describió numerosos arquetipos fundamentales, como el Héroe, la Madre y el Anciano Sabio, y otros menos conocidos como el Niño Divino, que representa los nuevos comienzos; el Embaucador, portador del caos y la transformación; o la Eterna Juventud, símbolo de renovación y creatividad. Estos patrones interactúan y se entrelazan, formando el vasto entramado de la experiencia humana.

Los arquetipos suelen emerger en momentos cruciales de la vida, proporcionando guías para atravesar transiciones importantes. Durante la adolescencia, el Héroe apoya el camino hacia la independencia. En la madurez, el Anciano o la Anciana Sabia guía la introspección y la búsqueda de un propósito más profundo. Estos patrones, tanto desafiantes como reveladores, marcan el camino durante los cambios significativos.

Además de manifestarse en formas culturales, los arquetipos también se expresan como síntomas o complejos personales. Si se activan sin llegar a la conciencia, pueden generar conflictos psicológicos. La clave está en hacerlos conscientes, permitiendo a las personas trabajar activamente con su energía en lugar de ser controladas inconscientemente por ella.

Reconocer los arquetipos en la experiencia personal abre puertas al crecimiento psicológico. Entender estos patrones universales ayuda a navegar el desarrollo personal, mostrando cómo las luchas y logros individuales están conectados con el tejido más amplio de la humanidad. Esta perspectiva da sentido y contexto a los procesos internos, mientras ofrece herramientas para enfrentar los desafíos de la vida con mayor claridad y propósito.

Ejercicio: Identificación de arquetipos personales

Los arquetipos son patrones universales que residen en el inconsciente colectivo y dan forma a nuestra experiencia. Este ejercicio te ayudará a identificar los arquetipos dominantes en tu propia psique y a comprender cómo influyen en tu vida.

Comienza haciendo una lista de los personajes recurrentes en tus sueños, fantasías e imaginación. Estos pueden incluir figuras como el héroe, el sabio, el bufón, el amante, el gobernante, el explorador, entre otros. Anota cualquier detalle o cualidad que asocies con cada personaje.

A continuación, reflexiona sobre tu vida y considera los roles que tiendes a asumir en diferentes situaciones. ¿Te encuentras a menudo en el papel de cuidador, líder, rebelde, mediador o creador? Anota estos roles junto con ejemplos específicos de cuando los has asumido.

Ahora, busca conexiones entre los personajes de tus sueños y los roles que asumes en la vida. ¿Hay alguna superposición o patrón común? Estos pueden indicar los arquetipos dominantes en tu psique.

Para cada arquetipo que hayas identificado, considera lo siguiente:

¿Cuáles son las fortalezas y cualidades positivas de este arquetipo?

¿Cuáles son las limitaciones o aspectos en la sombra de este arquetipo?

¿Cómo ha influido este arquetipo en tus relaciones, elecciones de carrera y sentido de identidad?

¿Hay algún arquetipo que sientas que está subdesarrollado o que te gustaría cultivar más en tu vida?

Todos tenemos múltiples arquetipos operando en nuestra psique, y su influencia puede cambiar a lo largo de nuestra vida.

7. La Persona y la Sombra: Aspectos duales del yo

La Persona y la Sombra destacan como dos de los conceptos más profundos y reveladores en la obra de Jung, representando fuerzas esenciales dentro de la psique humana que interactúan en una tensión constante. La Persona, derivada del latín «máscara», es nuestra fachada social, el rol que mostramos al mundo para equilibrar nuestro yo genuino con las expectativas de la sociedad. Al igual que los actores del teatro griego antiguo que utilizaban máscaras para interpretar distintos personajes, nosotros también asumimos diferentes roles según el contexto: el profesional en la oficina, el padre en el hogar, el amigo en los momentos de ocio.

El desarrollo de la Persona comienza en la infancia como un mecanismo vital de adaptación, moldeado profundamente por los patrones de apego en nuestras primeras relaciones. Los niños con un apego seguro suelen desarrollar roles auténticos y maleables, aprendiendo que pueden ser aceptados sin renunciar a su esencia. En cambio, los que experimentan un apego ansioso tienden a crear personajes diseñados para agradar, buscando aprobación constante, mientras que aquellos con apego evitativo a menudo adoptan máscaras distantes y protectoras.

A medida que maduramos, aprendemos qué aspectos de nosotros son aceptados y cuáles no. Como artesanos, eliminamos lo que no se ajusta a las normas sociales y pulimos lo que sí. Un niño que descubre que la ira no es tolerada en su hogar puede desarrollar una personalidad siempre alegre, mientras que otro valorado por sus logros académicos puede construir su identidad en torno al éxito intelectual. Estas dinámicas, profundamente enraizadas en las experiencias tempranas, delinean la manera en que nos presentamos al mundo.

El entorno cultural también tiene un impacto significativo en la formación de la personalidad. En las sociedades tradicionales, los roles sociales solían ser claros y rígidos, definidos por el estatus y la función. La Europa medieval, por ejemplo, estructuraba los personajes según las obligaciones religiosas y feudales, mientras que la cultura renacentista comenzó a valorar una autoexpresión más individual. En la actualidad, la cultura globalizada plantea una complejidad inédita, donde los individuos navegan entre expectativas culturales diversas y cambiantes.

La revolución digital ha transformado radicalmente el modo en que construimos y expresamos nuestras identidades. Las redes sociales nos empujan a crear múltiples versiones de nosotros mismos, cada una adaptada a distintas audiencias. Mientras que las plataformas profesionales exigen perfiles pulidos orientados al éxito, las redes más personales pueden invitar a una imagen más cercana o informal. Esta multiplicidad de roles plantea nuevos retos psicológicos al intentar mantener la autenticidad entre los mundos físico y virtual.

Jung advertía que identificarse demasiado con la Persona podía llevar al estancamiento. Cuando confundimos nuestra máscara con nuestro verdadero yo, perdemos contacto con nuestra esencia. Como el ejecutivo incapaz de dejar de ser «el jefe» en casa o el influencer atrapado en su imagen cuidadosamente construida, la Persona puede convertirse en una cárcel, separándonos de la vitalidad de nuestra naturaleza más profunda.

Es aquí donde emerge la Sombra, el reflejo oscuro de la Persona que alberga todo aquello que hemos rechazado de nuestra consciencia. No se trata únicamente de aspectos negativos, sino también de cualidades positivas que no encajan con nuestra autoimagen o rol social. Un artista talentoso que opta por una carrera convencional puede relegar su creatividad a la Sombra. Un líder nato que se ve obligado a adoptar un papel sumiso podría encontrar su autoridad confinada en ese mismo espacio.

La Sombra se manifiesta mediante la proyección: percibimos en los demás lo que no queremos aceptar en nosotros mismos. La persona que critica ferozmente la deshonestidad puede estar evitando confrontar su propia tendencia al engaño. El padre que reprueba la rebeldía de su hijo adolescente podría estar enfrentándose a su deseo no expresado de libertad. Incluso los conflictos globales suelen reflejar proyecciones colectivas de la Sombra, en las que grupos enteros atribuyen cualidades indeseadas a sus adversarios.

El ámbito profesional subraya de manera especial esta dinámica. Muchas carreras exigen roles específicos: el líder firme, el terapeuta empático, el científico imparcial. Estas máscaras profesionales pueden entrar en conflicto con aspectos sombríos que no encajan en el rol asignado. El desafío radica en desarrollar identidades profesionales auténticas que incorporen de manera constructiva los elementos sombríos, en lugar de ignorarlos o reprimirlos.

Integrar la Sombra no significa ceder a todos los impulsos, sino reconocer todo nuestro potencial, con sus luces y sombras. Este proceso demanda valentía, ya que implica aceptar nuestras contradicciones: ser bondadosos y crueles, generosos y egoístas, creativos y destructivos. El objetivo no es erradicar la

Persona ni la Sombra, sino establecer una relación más fluida y consciente con ambas.

Jung observó que el trabajo con la Sombra a menudo comienza en momentos de crisis, cuando la Persona, cuidadosamente construida, falla en su propósito. Una caída pública, el fin de una relación o una crisis existencial pueden quebrar la máscara y obligarnos a confrontar lo que yace oculto. Estos episodios, aunque dolorosos, son oportunidades para un crecimiento profundo. Las cualidades positivas de la Sombra, como la creatividad y la pasión, pueden emerger cuando estamos dispuestos a abrazar nuestra totalidad.

En el proceso terapéutico, los sueños suelen ofrecer destellos del contenido de la Sombra, revelando aspectos rechazados de nuestro ser. La imaginación activa, un diálogo interno con estas figuras, puede facilitar su integración. Las reacciones emocionales intensas hacia otros también sirven como espejos que reflejan nuestras proyecciones.

La reconciliación de la Persona y la Sombra es un paso esencial en el camino de individuación que propone Jung. Al aprender a moverse entre nuestra fachada social y nuestras profundidades ocultas, logramos mayor flexibilidad psicológica y autenticidad. Esto nos permite decidir cuándo adaptarnos a las normas sociales y cuándo expresar nuestra verdad interna. Esta integración libera energía y creatividad, al tiempo que preserva la capacidad de navegar en sociedad.

El juego entre la Persona y la Sombra es continuo y evolutivo. A lo largo de la vida, enfrentamos retos que transforman tanto nuestra máscara social como el contenido de nuestra Sombra. El ejecutivo jubilado debe redefinir su Persona y aceptar aspectos que antes relegaba. El padre cuyos hijos han crecido se enfrenta a un proceso similar de redescubrimiento.

Comprender estos elementos duales arroja luz sobre muchos comportamientos humanos, desde las dinámicas personales hasta los movimientos sociales. Las masas, a menudo, movilizan proyecciones colectivas de la Sombra, mientras que las organizaciones construyen Personas grupales que pueden sofocar la autenticidad individual. Reconocer estas fuerzas nos ayuda a navegar con mayor conciencia tanto la psicología personal como la colectiva.

Ejercicio: Diálogo con la Sombra

La Sombra, según Jung, representa aquellos aspectos de nosotros mismos que hemos rechazado, negado o reprimido. A menudo, proyectamos estos aspectos en los demás, lo que puede llevar a conflictos y malentendidos. Este ejercicio te invita a confrontar y dialogar con tu propia Sombra, con el objetivo de lograr una mayor integración y autoconocimiento.

Para comenzar, encuentra un lugar tranquilo donde puedas escribir sin interrupciones. Toma papel y lápiz, o abre un documento en tu computadora. Comienza escribiendo una carta a tu Sombra. Puedes comenzar con algo como: "Querida Sombra, hay algunas cosas que necesito decirte..."

En tu carta, expresa todos los sentimientos, miedos, frustraciones y emociones que normalmente evitas o reprimes. Sé honesto y directo, incluso si es incómodo. Permítete explorar aquellas partes de ti mismo que normalmente mantienes ocultas. No te preocupes por la gramática o la estructura; deja que las palabras fluyan libremente.

Una vez que hayas terminado tu carta, tómate un momento para respirar y reflexionar. Luego, comienza una nueva carta, esta vez desde la perspectiva de tu Sombra. Imagina que tu Sombra te responde, expresando sus propias necesidades, deseos y perspectivas. ¿Qué podría decir tu Sombra sobre ser negada o reprimida? ¿Qué sabiduría o percepciones podría ofrecer?

A medida que escribes desde la perspectiva de tu Sombra, intenta cultivar un sentido de empatía y comprensión. Recuerda que tu Sombra no es un enemigo, sino una parte integral de tu ser que necesita ser reconocida e integrada.

Después de completar ambas cartas, léelas en voz alta. Observa cualquier emoción o percepción que surja. Reflexiona sobre los siguientes puntos:

¿Qué aspectos de mí mismo he estado evitando o negando?

¿Cómo puedo aceptar y abrazar a mi Sombra de una manera saludable?

¿Qué puedo aprender de mi Sombra sobre mis necesidades y deseos más profundos?

¿Cómo puedo integrar la perspectiva de mi Sombra en mi vida diaria?

Este ejercicio puede ser desafiante, ya que nos pide que confrontemos partes de nosotros mismos que pueden ser dolorosas o incómodas. Sin embargo, al participar en este diálogo con nuestra Sombra, podemos lograr una mayor autoconciencia y autoaceptación psicológica. aborda este ejercicio con compasión y sin juzgarte a ti mismo. La integración de la Sombra es un proceso continuo, y este diálogo es un paso importante en ese viaje.

8. Anima y Animus: Los opuestos internos de género

¿Puede el equilibrio de fuerzas internas moldear nuestra esencia más profunda? Carl Jung, en su exploración de los arquetipos, dio forma a las ideas del ánima y el ánimus, conceptos que iluminan la complejidad de la psique humana. Estas energías no se limitan a roles culturales ni a rígidos moldes de género; operan como guías hacia nuestra plenitud psicológica, impulsando la creatividad, las relaciones y el desarrollo espiritual. En un mundo cada vez más abierto a identidades fluidas, la vigencia de estos conceptos se amplifica.

En la actualidad, la fluidez de género desvela nuevas capas en la dinámica ánima-ánimus. Más allá de las polaridades tradicionales, estas energías abarcan todo el espectro de la experiencia humana. Para una persona no binaria, estas fuerzas pueden entretejerse en combinaciones únicas que reflejan su autenticidad psicológica. Este enfoque resuena con la idea jungiana de integrar cualidades aparentemente opuestas para alcanzar una totalidad personal.

El arte, como campo de expresión, a menudo cataliza esta integración. En colaboraciones creativas históricas como las de Georgia O'Keeffe y Alfred Stieglitz, o Martha Graham y Eric Hawkins, estas energías interactúan en un diálogo profundo que supera lo profesional o lo romántico. Un escultor puede encontrar en su colaboradora la chispa para explorar aspectos internos que transformen su obra. La creatividad, entonces, surge no solo de la técnica, sino del diálogo arquetípico que conecta con el inconsciente.

Asimismo, el proceso creativo actúa como canal de estas fuerzas. Artistas de diversos campos describen su inspiración como un encuentro con presencias internas que trascienden los estereotipos. Un novelista puede descubrir personajes a través de un diálogo con su energía contrasexual, mientras que un compositor puede escuchar melodías en voces femeninas internas. Estas experiencias revelan cómo el ánima y el ánimus son puentes hacia lo numinoso, donde el inconsciente alimenta las obras más profundas.

Culturas de todo el mundo han reconocido estos patrones en sus expresiones artísticas. En Japón, las energías yin y yang dialogan en el arte, reflejando paralelismos con las observaciones de Jung. En las tradiciones nativas americanas, las múltiples expresiones de género enriquecen tanto la espiritualidad como la creación artística. Hoy, la globalización amplifica estas conexiones, permitiendo un entendimiento más amplio de cómo estas fuerzas se manifiestan en contextos diversos.

En los entornos modernos, la integración de estas energías redefine los roles tradicionales. Profesiones y posiciones que antes encajaban en estereotipos ahora exigen explorar aspectos internos no tradicionales. Un enfermero puede cultivar sensibilidad emocional y una directora ejecutiva desarrollar determinación estratégica, abriendo puertas hacia una identidad más completa y flexible.

El ámbito laboral destaca particularmente esta transformación. Mujeres en liderazgo integran su ánimus para ejercer autoridad sin replicar modelos patriarcales, mientras que hombres en cuidados abrazan aspectos del ánima sin perder su identidad. Este equilibrio exige sutileza para evitar identificaciones rígidas que limiten la evolución personal.

La tecnología añade una dimensión compleja a este proceso. En las relaciones virtuales, las proyecciones del ánima y el ánimus pueden intensificarse. Los avatares en redes sociales reflejan ideales que, conscientes o no, influyen en cómo las personas navegan su identidad. Sin embargo, estas experiencias solo enriquecen el desarrollo si trascienden lo virtual y se llevan a la vida cotidiana.

Finalmente, la integración de ánima y ánimus es clave en el viaje hacia la individuación. Cada camino es único, determinado por circunstancias, cultura y psicología personal. Algunos fortalecen su identidad consciente antes de explorar lo contrasexual, mientras que otros rompen rápidamente las barreras de género. El objetivo no es un equilibrio genérico, sino descubrir una autenticidad que fomente el crecimiento individual.

A medida que las ideas de género se transforman, los arquetipos de Jung continúan siendo un mapa para comprender la psique y honrar su misterio. Nos ofrecen herramientas para abrazar nuestra humanidad integral, navegando los desafíos de una identidad que se reinventa sin cesar.

9. El arquetipo del yo y el mandala

El arquetipo del Yo, principio organizador de la psique, representa el núcleo hacia el que converge el desarrollo psicológico y la meta final del proceso de individuación. Mientras otros arquetipos habitan áreas específicas de la experiencia humana, el Yo los abarca y trasciende, actuando como el eje y la totalidad de la estructura psíquica.

Jung descubrió este arquetipo a través de su introspección y del análisis de sueños y visiones de sus pacientes. Observó patrones recurrentes de totalidad que surgían espontáneamente, frecuentemente plasmados en formas geométricas, en particular los mandalas[5]. Proveniente del sánscrito, "mandala" significa "círculo sagrado" y, según Jung, estos símbolos emergen en distintas culturas y tradiciones

---

[5] Término sánscrito que significa "círculo sagrado". Jung descubrió que los mandalas aparecían espontáneamente en los sueños y el arte de sus pacientes durante períodos de transformación psíquica, representando la totalidad del ser.

espirituales, reflejando verdades universales de la psique.

El mandala encarna las cualidades esenciales del Yo: totalidad, unidad e integración. En su forma más pura, consiste en un círculo con un punto central, a menudo enriquecido por patrones geométricos y símbolos dispuestos en simetrías intrincadas. Durante fases de transformación psicológica, los mandalas aparecen en sueños y creaciones artísticas como expresiones del movimiento interno hacia el equilibrio y la armonía.

La conexión entre el Yo y el mandala refleja aspectos esenciales del desarrollo humano. El círculo simboliza la totalidad y el punto central representa la esencia más profunda del ser. La simetría de los mandalas manifiesta la tendencia innata de la psique a integrar opuestos, restaurando el equilibrio. Al contemplar o crear un mandala, se experimenta la fuerza unificadora del Yo, despertando una sensación de orden interno y paz.

En el proceso terapéutico, los pacientes de Jung producían espontáneamente imágenes de mandalas, especialmente en momentos de crisis o cambio. Estas representaciones funcionaban como mapas de su estado interior, mostrando tanto sus conflictos como el camino hacia una mayor integración. La aparición de estos símbolos marcaba un punto clave en la individuación, señalando que la psique buscaba conscientemente el equilibrio.

Aunque el mandala es el símbolo principal del Yo, no es el único. Otros emblemas que comparten cualidades de centralidad y totalidad incluyen el niño divino, la piedra filosofal de los alquimistas y el cuerpo de diamante del taoísmo, entre otros. Cada uno refleja facetas del Yo como núcleo integrador de la psique.

El equilibrio entre el ego y el Yo es un aspecto crucial del desarrollo psicológico. Mientras el ego actúa como centro de la consciencia, el Yo es el eje de la totalidad psíquica, incluyendo lo consciente e inconsciente. Un ego inflado por identificarse demasiado con el Yo lleva a la inflación, mientras que una desconexión genera alienación. El trabajo psicológico busca mantener esta relación en armonía.

El arquetipo del Yo ejerce una atracción interna, reuniendo elementos psíquicos hacia su integración. Este impulso hacia la totalidad se manifiesta en sueños, fantasías y actos creativos, y el mandala sirve como un recipiente que contiene y guía esta energía transformadora.

En terapia, trabajar con el Yo implica conectar con el simbolismo del mandala. Crear estas figuras, meditar sobre diseños tradicionales o analizar su aparición en sueños fomenta la integración de lo inconsciente, promoviendo el equilibrio. Así, el mandala se convierte en un agente vivo de transformación psíquica.

El simbolismo del mandala trasciende fronteras culturales, apareciendo en diversas tradiciones, desde los mandalas tibetanos hasta los rosetones góticos, las ruedas de medicina de los pueblos indígenas y los yantras hindúes. Esta presencia universal refuerza la idea del inconsciente colectivo y la universalidad del arquetipo del Yo.

El Yo y su manifestación a través del mandala revelan la capacidad de autorregulación de la psique. Comprender este proceso no solo ilumina el desarrollo psicológico humano, sino que también proporciona herramientas prácticas para la sanación y el crecimiento personal. El mandala no es un mero símbolo, sino un reflejo activo del movimiento hacia una vida más plena y unificada.

10. El proceso de individuación: Viaje hacia la Totalidad

En 1913, a los 38 años, Carl Jung inició una intensa «confrontación con el inconsciente». Durante tres años, se sumergió deliberadamente en estados de alucinación controlada, documentando sus vivencias en el enigmático **Libro Rojo**. Esta travesía lo llevó a una revelación crucial: la salud mental no radica en suprimir los conflictos internos, sino en abrazarlos e integrarlos. Así nació el concepto de «individuación», un proceso tan desafiante como transformador. Pero, ¿cómo se manifiesta esta integración en nuestras propias vidas?

La individuación comienza con una crisis, ese terremoto psicológico que sacude los cimientos de la rutina. Suele asomar en la mediana edad, pero no respeta calendarios. Las máscaras construidas para navegar la vida comienzan a agrietarse, revelando deseos más profundos y fragmentos reprimidos del ser. Este primer paso exige reconocer que el yo social, por más funcional que sea, ha silenciado aspectos vitales de nuestra esencia.

El segundo umbral es el encuentro con la sombra, una confrontación con las partes rechazadas de nuestra psique. Estas no son necesariamente malévolas, pero sí incómodas: talentos negados, emociones reprimidas, potencias inexploradas. Un empresario podría descubrir en sí mismo un artista frustrado; una madre dedicada, una ambición ardiente. Integrar la sombra demanda valentía para mirarse sin filtros y reconciliarse con lo que contradice la propia autoimagen.

Más adelante, el viaje se adentra en los aspectos internos asociados al género opuesto: el ánima en el hombre y el ánimus en la mujer. Este paso suele reflejarse en relaciones conflictivas o sueños vívidos protagonizados por figuras del otro sexo. El hombre debe aceptar su sensibilidad y profundidad emocional; la mujer, su fuerza lógica y su determinación. Este balance entre opuestos nos acerca a una psique más completa y auténtica.

El siguiente desafío es el encuentro con el inconsciente colectivo, un territorio donde arquetipos y símbolos trascienden lo personal. Aquí, los sueños evocan mitos, rituales o paisajes que conectan con algo más vasto que el ego. Estos encuentros abren puertas a experiencias de sincronicidad y a una conexión profunda con lo trascendental, mientras se lucha por mantener el equilibrio y no perderse en estas aguas misteriosas.

Eventualmente, emerge el arquetipo del Ser, representado a menudo por mandalas o símbolos de totalidad. El centro de gravedad psicológica se desplaza del ego a una profundidad más integrada. Este cambio no reduce la conciencia; la expande para abarcar un espectro más amplio de existencia. El individuo comienza a vivir con un propósito que trasciende las demandas superficiales, alineándose con un sentido más auténtico.

La individuación es, ante todo, un diálogo continuo entre lo consciente y lo inconsciente. No se trata de ceder el control ni de imponerlo, sino de construir un puente entre ambos mundos.

Este puente se refuerza a través de sueños, símbolos y una imaginación activa que ilumina el camino.

Este proceso es turbulento. Requiere tolerancia al caos y al vacío, pues los viejos patrones deben morir para que otros puedan nacer. Cada ciclo de muerte y renacimiento añade mayor autenticidad e integración. El desafío no es pequeño, pero las recompensas son inmensas: la transformación interna resuena en las relaciones y en el modo de habitar el mundo. El ser individuado se convierte en alguien más consciente de sí mismo y de los demás, libre de proyecciones y prejuicios.

Lejos de ser un destino final, la individuación es un camino que nos acompaña toda la vida. Su expresión puede volverse más sutil, pero nunca se detiene. Es un compromiso con lo profundo, un viaje hacia la totalidad que redefine la relación con nosotros mismos y con la vida misma.

11. Tipos psicológicos: Introversión y Extraversión

Carl Gustav Jung, con su teoría de los tipos psicológicos, dejó una marca imborrable en la psicología moderna. Su análisis reveló patrones esenciales que explican cómo las personas procesan la información y se relacionan con el mundo, trascendiendo cualquier intento de simple categorización. Este marco no solo ilumina los caminos del desarrollo humano, sino que también nos guía hacia la individuación, el núcleo de su visión psicológica.

En el corazón de su teoría están las actitudes de introversión y extraversión, que describen orientaciones fundamentales de la energía psíquica. Los extravertidos encuentran vitalidad al interactuar con el mundo exterior: objetos, personas y actividades les dan sentido. Los introvertidos, por otro lado, se recargan en el universo interno de ideas, emociones y experiencias subjetivas, valorando la introspección y la soledad.

Estas actitudes van más allá de las preferencias sociales; reflejan cómo cada persona construye su realidad, ya sea dando prioridad a datos objetivos o explorando perspectivas internas. Estas orientaciones influyen no solo en la interacción social, sino en la percepción, la toma de decisiones y el crecimiento personal.

La teoría se expande con las ocho actitudes-función, combinaciones de introversión y extraversión con las cuatro funciones básicas: pensamiento, sentimiento, sensación e intuición. Cada combinación refleja modos únicos de procesar el mundo. El pensamiento extravertido organiza el entorno según principios lógicos, mientras que el pensamiento introvertido construye sistemas internos. El sentimiento extravertido busca la armonía social, y el introvertido cultiva valores personales profundos.

De forma similar, la sensación extravertida se deleita en experiencias inmediatas y tangibles, mientras que la introvertida crea mapas internos detallados basados en recuerdos.

La intuición extravertida explora posibilidades expansivas, mientras que la introvertida descifra significados ocultos bajo la superficie de las cosas.

El desarrollo de estas funciones sigue un patrón único para cada individuo, comenzando con una función dominante en la infancia. Más tarde, la función auxiliar emerge para equilibrar la dominante, mientras que las funciones terciaria e inferior suelen permanecer latentes hasta la mediana edad, cuando enfrentarlas se vuelve crucial para alcanzar un desarrollo pleno.

Especialmente significativa es la función inferior, que encarna aspectos menos desarrollados de la personalidad y suele expresarse a través de conflictos o proyecciones. Aunque desafiante, integrarla es clave para la individuación, ya que alberga cualidades esenciales para el equilibrio psicológico.

La influencia cultural también moldea cómo emergen y se valoran estas características. Las sociedades occidentales tienden a ensalzar las funciones extravertidas como el pensamiento o la sensación, mientras que las culturas orientales han valorado históricamente las perspectivas introvertidas. Sin embargo, los cambios globales están redibujando estas preferencias.

En el ámbito terapéutico, el conocimiento de los tipos psicológicos enriquece la relación entre terapeuta y cliente. Reconocer las propias inclinaciones tipológicas y adaptarse a las del otro permite una mayor eficacia y empatía en el proceso. Las similitudes entre tipos pueden facilitar la conexión, pero los contrastes ofrecen oportunidades de aprendizaje mutuo y crecimiento.

A través de la integración de las ocho funciones y actitudes, el proceso de individuación permite a cada persona abrazar su complejidad. No se trata de cambiar quién se es, sino de alcanzar una flexibilidad que permita explorar todas las dimensiones del ser.

La mediana edad suele ser un periodo de transformación, donde las funciones menos desarrolladas exigen atención, trayendo consigo crisis y posibilidades de renovación. Afrontar estos desafíos puede llevar a un equilibrio más profundo y a una vida más auténtica.

El lugar de trabajo contemporáneo también ha comenzado a reconocer el valor de esta teoría. Equipos diversos prosperan al comprender las fortalezas y diferencias entre los tipos, permitiendo una colaboración más efectiva y menos conflictos.

Investigaciones recientes han añadido capas a la comprensión de los tipos psicológicos, incluyendo correlatos neurológicos y dinámicas de desarrollo. Estas exploraciones no desmerecen la obra de Jung; al contrario, confirman la relevancia de su visión en el análisis de patrones humanos fundamentales.

La teoría de los tipos psicológicos trasciende épocas y disciplinas al recordar que nuestras diferencias son variaciones naturales, no defectos. En un mundo cada vez más complejo, esta perspectiva fomenta una apreciación de la diversidad psicológica y brinda herramientas valiosas para el crecimiento personal y la conexión humana.

12. Las cuatro funciones psicológicas: Pensar, Sentir, Percibir, Intuir

Las cuatro funciones psicológicas son los cimientos de la conciencia humana, configurando la manera en que procesamos información y tomamos decisiones. Carl Jung, a través de su trabajo clínico y teórico, identificó que interactuamos con la realidad a través de cuatro vías: pensar, sentir, percibir e intuir.

Aunque estas funciones operan en conjunto, cada individuo desarrolla una jerarquía propia. La función primaria emerge como la herramienta más confiable y consciente, mientras que la secundaria equilibra y apoya. Las funciones terciaria e inferior suelen quedar en las sombras, menos desarrolladas y en gran parte inconscientes.

Funciones racionales: Pensar y Sentir

El pensar busca analizar lógicamente y desentrañar verdades objetivas. Aquellos dominados por esta función evalúan el mundo mediante un razonamiento estructurado, sopesando pros y contras con precisión analítica. Sobresalen en resolver problemas complejos y en campos que exigen rigor lógico. Sin embargo, esta lógica puede cegarlos ante matices emocionales, especialmente en situaciones donde los sentimientos pesan más que los hechos.

El sentir, por otro lado, no trata de emociones superficiales, sino de valores. Evalúa las experiencias a través de una lente cultural y personal, estableciendo qué merece importancia. Las personas con esta función dominante brillan en la comprensión de relaciones humanas y en decisiones basadas en valores. Su desafío aparece cuando enfrentan contextos que requieren lógica desapegada, donde sus principios pueden nublar un juicio objetivo.

Funciones perceptivas: Percibir e Intuir

La percepción concreta se centra en lo tangible, recurriendo a los sentidos para procesar la realidad. Los individuos dominados por esta función destacan en captar detalles, memorizar hechos y manejar lo práctico.

Confían en la experiencia directa, pero suelen carecer de visión para las abstracciones o posibilidades futuras.

La intuición, en cambio, explora patrones, conexiones y potenciales más allá de lo evidente. Los intuitivos perciben tendencias invisibles y anticipan futuros posibles con creatividad e ingenio. Aunque parecen "saber" sin analizar, enfrentan retos al aterrizar sus visiones en soluciones prácticas y detalladas.

Dinámica entre las funciones

Estas funciones interactúan en formas únicas. Una persona puede observar una situación desde la percepción (hechos concretos) y evaluarla mediante el sentir (impacto en otros). Otro caso podría involucrar a alguien que intuye patrones complejos, pero los analiza racionalmente para medir sus implicaciones. Jung notó que estas combinaciones tienden a complementarse de forma asimétrica: si una función domina, su opuesta tiende a permanecer menos desarrollada, creando puntos ciegos.

Funciones y orientación: Introversión y Extroversión

La orientación extrovertida dirige las funciones hacia el mundo exterior, mientras que la introvertida las enfoca hacia procesos internos. Un pensador extrovertido analiza datos objetivos, mientras que su contraparte introvertida reflexiona sobre conceptos internos. Este matiz genera ocho combinaciones de función y actitud, cada una con particularidades y desafíos únicos.

Hacia la integración

El desarrollo psicológico radica en integrar estas funciones. Si bien dependemos de nuestra función dominante, crecer implica enfrentar nuestras limitaciones y cultivar las funciones menos preferidas. Este proceso de integración lleva a una percepción más equilibrada y una toma de decisiones más completa.

En la práctica cotidiana, estas funciones moldean nuestras elecciones. Una persona sensitiva-pensante podría enfocarse en datos concretos como salario o demanda laboral al considerar una carrera, evaluando con lógica implacable. En contraste, un intuitivo-sensitivo podría priorizar implicaciones más profundas, como el crecimiento personal, ignorando aspectos prácticos.

El valor de la comprensión

Entender estas funciones nos permite apreciar por qué diferentes personas interpretan la misma información de maneras tan diversas. Este conocimiento no solo nos ayuda a identificar nuestras fortalezas y áreas de mejora, sino que también mejora nuestras relaciones y colabora en entornos profesionales al crear puentes de entendimiento entre estilos de pensamiento y percepción.

13. El análisis de los sueños en la psicología junguiana

¿Es posible que los sueños sean los mapas secretos del inconsciente, revelando los enigmas más profundos de la mente humana? Para Jung, los sueños eran más que simples ocurrencias nocturnas; eran las expresiones auténticas del alma. En contraste con Freud, que los consideraba manifestaciones de deseos reprimidos, Jung los veía como vehículos de equilibrio psicológico y crecimiento personal, un diálogo constante entre lo consciente y lo inconsciente.

Uno de los sueños más emblemáticos de Jung consolidó esta visión. En él, exploraba niveles ocultos de una casa que representaban las profundidades de la psique. El primer nivel, claro y ordenado, encarnaba la conciencia. Bajando, las habitaciones medievales simbolizaban el inconsciente personal. Más abajo, un sótano romano aludía al inconsciente colectivo, y, finalmente, una cueva prehistórica revelaba los vestigios más primitivos del alma humana. Esta imagen arquitectónica explicaba la estructura psíquica como un todo estratificado, un viaje hacia las raíces compartidas de nuestra experiencia.

Jung descubrió que los sueños operan en un delicado equilibrio entre lo personal y lo universal. Los símbolos íntimos, como una casa de infancia o una figura conocida, conectan con historias individuales. Sin embargo, estas imágenes se entrelazan con arquetipos, motivos que atraviesan culturas y épocas: el dragón como desafío, la madre como fuente de cuidado o conflicto. Este tejido entre lo único y lo universal da a los sueños su poder transformador.

Más allá de lo personal, los sueños también compensan los excesos culturales. En épocas de racionalismo, evocan lo místico; en momentos de exceso materialista, susurran sobre lo espiritual. Un científico puede soñar con alquimia, mientras un líder religioso se enfrenta a dudas. Incluso reflejan tensiones colectivas: sueños de una naturaleza vengativa emergen en sociedades que abusan del medio ambiente, un recordatorio del equilibrio perdido.

Pero los sueños no solo interpretan el presente; también predicen. Jung encontró en ellos una función prospectiva, anticipando crisis o cambios antes de que la conciencia los perciba. Las imágenes de transformación surgen en momentos de transición, ofreciendo orientación y mostrando caminos que aún no se vislumbran claramente. Así, los sueños actúan como guardianes de la evolución personal y cultural.

Registrar y trabajar con los sueños es esencial para captar su mensaje. No es solo cuestión de interpretarlos, sino de integrarlos. La imaginación activa, una técnica clave en el enfoque junguiano, permite profundizar en los símbolos oníricos, estableciendo un diálogo vivo con el inconsciente. Este proceso enriquece la conciencia, permitiendo que lo reprimido se convierta en fuerza creativa.

La neurociencia actual empieza a confirmar lo que Jung intuía: los sueños consolidan recuerdos y procesan emociones, funcionando como mecanismos de equilibrio interno. Pero la ciencia solo rasca la superficie de su significado psicológico. Los sueños siguen siendo puertas hacia lo desconocido, mapas hacia un desarrollo más pleno.

Al comprender los sueños como expresiones complejas del inconsciente, accedemos a una sabiduría ancestral que guía tanto al individuo como a la colectividad. En un mundo que privilegia lo racional, los sueños nos recuerdan la riqueza oculta en las sombras de la mente. ¿Podemos permitirnos ignorar sus mensajes?

Ejercicio: Llevar un diario de sueños

Los sueños, según Jung, son una ventana al inconsciente, ofreciendo valiosos conocimientos sobre nuestras vidas interiores. Al llevar un diario de sueños, podemos comenzar a descifrar el lenguaje simbólico de nuestra psique y obtener una mayor comprensión de nosotros mismos.

Para este ejercicio, necesitarás un cuaderno o diario dedicado específicamente a registrar tus sueños. Coloca el diario y un bolígrafo junto a tu cama antes de irte a dormir cada noche. Es importante tener estos materiales a mano, ya que los sueños tienden a desvanecerse rápidamente después de despertar.

Durante al menos dos semanas, registra cualquier sueño que recuerdes inmediatamente después de despertar. Incluso si solo recuerdas fragmentos o imágenes aparentemente insignificantes, escríbelos. Intenta capturar tantos detalles como sea posible, incluyendo:

1. El escenario y los entornos del sueño
2. Las personas, animales u otros seres presentes
3. Las emociones que experimentaste durante el sueño
4. Cualquier símbolo, color u objeto destacado

Mientras escribes, evita la tentación de analizar o interpretar el sueño de inmediato. En su lugar, simplemente registra la experiencia tal como la recuerdas.

Al final de las dos semanas, toma un tiempo para revisar tu diario de sueños. Mientras lees, busca temas recurrentes, símbolos o patrones. Considera las siguientes preguntas:

1. ¿Hay personas, lugares u objetos que aparecen repetidamente en mis sueños?
2. ¿Puedo detectar algún arquetipo o figura mitológica en mis sueños?
3. ¿Cómo se relacionan las emociones en mis sueños con mi vida de vigilia?
4. ¿Hay alguna progresión o desarrollo en la narrativa de mis sueños a lo largo de las dos semanas?

No olvides que la interpretación de los sueños es un proceso altamente personal e intuitivo. Lo que un símbolo significa para una persona puede ser completamente diferente para otra. Confía en tus propias asociaciones e instintos mientras reflexionas sobre tus sueños.

Si te sientes cómodo, considera compartir algunos de tus sueños con un terapeuta junguiano, un grupo de estudio de sueños o un amigo de confianza. Hablar de tus sueños con otros puede ofrecer nuevas perspectivas y profundizar tu comprensión de tu propio inconsciente.

Llevar un diario de sueños es una práctica continua que puede ofrecer beneficios a lo largo de tu vida. Al cultivar una relación con tus sueños, puedes acceder a la sabiduría de tu inconsciente, facilitar tu proceso de individuación y fomentar una mayor autoconciencia y crecimiento personal.

14. Símbolos y simbolismo: El lenguaje del inconsciente

Los símbolos son puentes entre los mundos consciente e inconsciente, operando como un mecanismo psicológico que convierte lo primitivo e inarticulado en formas que la mente puede asimilar. Mientras los signos aluden a significados ya establecidos, los símbolos encapsulan realidades que no pueden expresarse de otro modo. Este poder emerge durante el desarrollo humano, evolucionando a medida que las personas profundizan su relación con lo simbólico.

En la infancia, la conciencia simbólica brota a través del juego y la imaginación, donde los objetos cotidianos adquieren nuevos significados según las necesidades emocionales. Un palo se transforma en espada, una caja en castillo: actos que sientan las bases de una comprensión más profunda. Al crecer, los niños amplían esta capacidad, adoptando símbolos compartidos que conectan lo personal con lo colectivo, como los religiosos o los nacionales, aprendiendo que estos pueden albergar significados tanto comunitarios como íntimos.

La adolescencia, marcada por el pensamiento abstracto, intensifica la atracción hacia símbolos que reflejan la búsqueda de identidad. Las preferencias artísticas, musicales o estéticas se convierten en lenguajes simbólicos que expresan su evolución interna. Este proceso continúa en la adultez, donde los jóvenes suelen vincularse con símbolos culturales, mientras que en la madurez se reaviva la conexión con lo simbólico a través de sueños, creatividad y espiritualidad.

La interacción entre símbolos personales y colectivos revela una dinámica compleja. Los personales nacen de vivencias únicas, mientras que los colectivos derivan de patrones arquetípicos que trascienden culturas. Por ejemplo, un árbol puede simbolizar refugio o crecimiento tanto para un individuo como para comunidades enteras, enraizándose en experiencias humanas universales. Comprender esta conexión evita la sobreidentificación con símbolos y preserva su vitalidad.

Los símbolos personales a menudo están ligados a momentos clave, mientras que los colectivos se destilan de vivencias compartidas, como ocurre con la cruz, que pasó de ser un instrumento de ejecución a representar redención y reconciliación. Esta danza entre lo personal y lo arquetípico fomenta procesos psicológicos donde experiencias individuales reconfiguran patrones colectivos, mientras que los arquetipos proveen contenedores significativos para lo personal.

Sin embargo, la cultura contemporánea enfrenta una degradación simbólica. El comercialismo reduce símbolos a signos vacíos, despojándolos de su profundidad. Íconos religiosos se convierten en accesorios, diseños sagrados en logotipos, y símbolos ancestrales en ornamentos masificados. Además, el flujo incesante de imágenes digitales ahoga la contemplación necesaria para nutrir la conexión simbólica.

La visión materialista moderna, aunque valiosa, también contribuye a esta degradación al desestimar el simbolismo como mera fantasía.

Esto provoca interpretaciones literales o el rechazo de los símbolos como formas válidas de conocimiento, empobreciendo tanto la vida psicológica como cultural. Aun así, surgen nuevos símbolos en contextos inesperados, como la ecología, que inspira imágenes de interconexión planetaria, o la tecnología, que da lugar a símbolos de conectividad global.

Preservar una vida simbólica en la actualidad requiere esfuerzo consciente. A nivel individual, explorar sueños, creatividad y prácticas contemplativas puede reavivar la conexión simbólica. Colectivamente, el arte, los rituales y las narrativas pueden ofrecer espacios para que lo simbólico florezca, creando nuevos marcos que respondan a los desafíos actuales sin perder el vínculo con la sabiduría ancestral.

En terapia, comprender las etapas y dinámicas simbólicas permite abordar necesidades psicológicas específicas. Esto resulta crucial en un mundo que demanda tanto innovación práctica como una conexión con verdades profundas. Reconocer el simbolismo en contextos contemporáneos abre posibilidades de transformación que van más allá de la lógica racional.

La crisis simbólica contemporánea no solo afecta la psicología, sino también nuestra relación con la naturaleza y la comunidad. Recuperar esta conexión puede sanar tanto a nivel individual como cultural, fomentando modos de vida más significativos. Trabajar con símbolos requiere aceptar su misterio y reconocerlos como puentes entre lo finito y lo infinito. Enfrentados a retos globales crecientes, esta capacidad es esencial para conectar con una sabiduría más profunda y adaptar nuestra conciencia al cambio. Así, al comprometernos con la realidad simbólica, cultivamos recursos para la transformación personal y colectiva.

15. Sincronicidad: Coincidencias significativas

En un fresco día de abril de 1949, Carl Jung se encontraba reflexionando sobre el sueño de un paciente que incluía un escarabajo dorado. Mientras hablaban, un golpeteo en la ventana llamó su atención. Al abrirla, apareció un escarabajo rosado, tan cercano a la idea de un escarabajo dorado como podría hallarse en Suiza. Esta coincidencia inquietante llevó a Jung a plantearse una pregunta fundamental: ¿existe un principio que conecte los sucesos psíquicos y físicos sin causa, de alguna manera? ¿Y qué implicaciones tendría esto para nuestra comprensión de la realidad?

Profundizando en este fenómeno, Jung desarrolló su teoría de la sincronicidad, explorando cómo eventos aparentemente desconectados podían resonar en significados compartidos. Lejos de relegar las prácticas adivinatorias tradicionales al ámbito de la superstición, las entendió como sofisticadas herramientas para interactuar con estos fenómenos. Entre ellas, el I Ching capturó su interés por su capacidad para operar mediante coincidencias significativas, convirtiéndose en un ejemplo vivo de la sincronicidad en acción. Al consultar el I Ching, el momento exacto de la consulta parecía reflejarse en el hexagrama resultante, una interacción entre el azar y el significado que Jung documentó minuciosamente.

A través de sistemas como el lanzamiento de tallos de milenrama, la tirada de cartas del tarot o la interpretación de configuraciones astrológicas, las culturas antiguas crearon métodos rituales que facilitaban la interacción entre la psique y la materia. Estos sistemas sugieren un entendimiento profundo de la sincronicidad mucho antes de que la psicología moderna acuñara el término, demostrando un saber práctico que cruzaba los límites entre lo espiritual y lo terrenal.

Por otro lado, la física moderna comienza a revelar posibles explicaciones para la conexión entre mente y materia. En el campo de la biología cuántica, estudios recientes han mostrado que efectos cuánticos—antes considerados incompatibles con los sistemas biológicos—podrían jugar roles esenciales en procesos como la fotosíntesis o la orientación de las aves migratorias. Algunos científicos especulan que estos procesos podrían extenderse incluso a las redes neuronales, ofreciendo una posible base biológica para los eventos sincronísticos.

Un hilo común entre la sincronicidad y los fenómenos cuánticos es el papel central de la conciencia. En física cuántica, el "efecto observador" señala que la conciencia afecta los sistemas observados. De manera similar, los sucesos sincronísticos adquieren su pleno significado solo cuando son reconocidos conscientemente. Este paralelismo sugiere que la conciencia podría ocupar un lugar más fundamental en la estructura de la realidad de lo que se suponía en la ciencia clásica, una idea que Jung defendió con sus observaciones clínicas.

El impacto terapéutico de la sincronicidad es notable. Terapeutas que trabajan con las ideas de Jung han observado cómo eventos sincronísticos surgen en momentos de cambio psicológico profundo, ofreciendo guía y validación externa durante crisis vitales o transformaciones personales. Estos acontecimientos no solo rompen las barreras del intelecto consciente, sino que aportan claridad en instantes críticos.

Hoy en día, investigadores intentan desentrañar los mecanismos detrás de la sincronicidad. Algunos se enfocan en la documentación y análisis riguroso de estos eventos, mientras otros exploran posibles conexiones físicas o biológicas. Sin embargo, el estudio de algo que trasciende la causalidad convencional plantea un desafío inherente: ¿cómo abordar científicamente lo que opera fuera del marco habitual de investigación?

Más allá del individuo, Jung observó cómo los eventos sincronísticos a menudo coincidían con períodos de transformación cultural o histórica. Desde ideas que surgen simultáneamente en distintos lugares hasta patrones colectivos que reflejan las psiques individuales, la sincronicidad parece manifestarse también a nivel global.

En el ámbito ecológico, esta visión ha impactado profundamente. Reconocer conexiones significativas entre eventos aparentemente aislados ha contribuido a comprender la naturaleza como una red interconectada. Tanto las tradiciones de sabiduría ancestral como la ciencia ambiental moderna convergen en esta perspectiva, resaltando el valor de la sincronicidad para reconciliar formas diversas de conocimiento.

A medida que la tecnología avanza, se abren nuevas oportunidades para explorar las coincidencias significativas. La computación cuántica y los desarrollos en neurociencia ofrecen herramientas prometedoras para comprender las conexiones acausales. Sin embargo, el reto será preservar la profundidad psicológica de la sincronicidad mientras se exploran estos nuevos horizontes.

La sincronicidad ofrece una lente única para comprender la interconexión y el propósito. Este principio nos invita a reflexionar sobre el significado oculto en lo aparentemente aleatorio, sugiriendo que la realidad es más sensible y rica de lo que nuestros modelos actuales permiten percibir.

16. Imaginación activa: Comprometerse con el inconsciente

"El encuentro con uno mismo es el mayor de los desafíos", decía Carl Jung, un desafío que la imaginación activa transforma en oportunidad. Este método, desarrollado por el psicólogo suizo, es una invitación a explorar el vasto mundo del inconsciente, no como un espectador pasivo, sino como un participante activo en un diálogo interior que puede cambiar nuestra percepción de la psique.

A diferencia de la meditación o la visualización guiada, este proceso exige mantenerse alerta mientras se interactúa con imágenes, voces o emociones que emergen sin previo aviso. Jung perfeccionó este enfoque durante su intenso viaje psicológico, reflejado en **El libro rojo**. Allí, no solo dio vida a las figuras que habitaban su inconsciente, sino que estableció un modelo para transformar estas experiencias en una herramienta de autodescubrimiento.

El proceso comienza con un cambio intencionado de estado mental, un punto de equilibrio entre la conciencia y la apertura. Este punto no se parece a las técnicas que buscan la quietud mental; aquí, se trata de recibir lo que el inconsciente presenta y responder de manera auténtica. Las imágenes deben evolucionar libremente, sin imponerles dirección ni juzgar lo que surja.

Hay múltiples formas de iniciar la práctica. Algunos eligen imágenes de sueños recientes, permitiendo que se desarrollen con libertad. Otros se concentran en tensiones físicas o emociones intensas, transformándolas en símbolos o diálogos interiores. Incluso una imagen profundamente significativa puede servir como portal, cobrando vida en el transcurso de la práctica.

Para llevar a cabo esta experiencia, es crucial disponer de un espacio tranquilo, libre de distracciones, y reservar tiempo suficiente, entre veinte y treinta minutos. Registrar lo vivido es indispensable; ya sea mediante escritura, dibujo o movimiento, este paso captura lo esencial del proceso y facilita la integración de lo descubierto.

Durante la práctica, lo desconocido se manifiesta de formas inesperadas: una figura, un paisaje, una emoción. En lugar de observar desde la distancia, la imaginación activa demanda un compromiso real. Si aparece un personaje, se conversa con él. Si surge un escenario, se explora. Este intercambio hace de la imaginación activa algo único, más allá de cualquier ejercicio de visualización.

La conexión con la creación artística es evidente. Muchos artistas encuentran en esta práctica un flujo natural hacia su obra, mientras que el acto de crear puede a su vez abrir las puertas al inconsciente. Esta relación bidireccional convierte a la imaginación activa en una herramienta poderosa tanto para el arte como para el autoconocimiento.

Aunque guarda ciertas similitudes con prácticas chamánicas, como el acceso a estados alterados de conciencia, la imaginación activa tiene su foco en la exploración psicológica personal, desvinculada de marcos culturales o rituales específicos. Ambas prácticas reconocen el valor de lo inconsciente, pero su propósito y contexto son profundamente distintos.

Para una experiencia segura, es esencial establecer límites claros. Practicar regularmente técnicas de anclaje ayuda a mantener una conexión firme con la realidad cotidiana. Trabajar con un terapeuta capacitado también puede ser de gran utilidad para procesar las experiencias más intensas y garantizar una integración adecuada.

El registro de estas experiencias no solo documenta lo vivido, sino que ofrece material para futuras reflexiones. Al releer notas o analizar dibujos, se descubren patrones y significados ocultos, contribuyendo al desarrollo psicológico a largo plazo.

Hoy, la imaginación activa sigue ganando relevancia. Psicoterapeutas la emplean para abordar traumas, artistas para enriquecer su creatividad y buscadores espirituales para explorar dimensiones más profundas de sí mismos. En el ámbito contemporáneo, su adaptabilidad ha permitido aplicarla a áreas como la innovación empresarial y el manejo del dolor, siempre respetando sus principios esenciales.

El futuro promete avances emocionantes. Estudios neurocientíficos validan cada vez más su impacto, mientras que las tecnologías modernas abren nuevas formas de documentar y compartir estas experiencias. Ya sea en contextos individuales o colectivos, la imaginación activa continúa siendo una herramienta valiosa para quienes buscan un vínculo más auténtico con su mundo interior.

Lejos de ser un simple ejercicio, esta práctica representa un puente vivo entre los dominios conscientes e inconscientes de la psique, demostrando que el autoconocimiento es un viaje en constante evolución."

Ejercicio: Diálogo con un símbolo

La imaginación activa es una técnica desarrollada por Jung para establecer un puente entre los aspectos conscientes e inconscientes de la psique. Al entablar un diálogo con símbolos o imágenes que surgen de nuestro inconsciente, podemos acceder a una mayor comprensión y sabiduría interior.

Para este ejercicio, comenzarás identificando un símbolo o imagen que te llame la atención. Esto puede provenir de un sueño reciente, una obra de arte que te conmueva, o una experiencia de tu vida diaria que parezca cargada de significado. Tómate un tiempo para contemplar este símbolo, observando cualquier emoción, pensamiento o sensación física que evoque en ti.

Cuando estés listo, encuentra un lugar tranquilo donde puedas escribir sin interrupciones. Toma papel y lápiz, o abre un documento en tu computadora. Comienza escribiendo una descripción detallada del símbolo o imagen que has elegido. ¿Cómo se ve? ¿Qué cualidades tiene? ¿Qué sentimientos genera en ti?

Luego, imagina que este símbolo pudiera hablar. ¿Qué podría decir? Comienza un diálogo escrito con el símbolo, haciéndole preguntas y permitiendo que "responda". Por ejemplo, podrías preguntar:

¿Qué mensaje tienes para mí?

¿Qué parte de mí mismo representas?

¿Qué necesito aprender o comprender de ti?

¿Cómo puedo integrar tu energía o lección en mi vida?

Mientras escribes, permite que las respuestas fluyan libremente, sin juzgar o censurar. Puede que te sorprendas con lo que surge. Si en algún momento te quedas atascado, vuelve a enfocarte en el símbolo y las sensaciones que evoca en ti.

Continúa este diálogo hasta que sientas que se ha llegado a una resolución o entendimiento. Luego, tómate un tiempo para reflexionar sobre la experiencia. ¿Qué perspectivas nuevas has obtenido? ¿Cómo se relaciona este símbolo con tu vida actual y tu proceso de crecimiento?

La imaginación activa no se trata de controlar o dirigir el diálogo, sino de permitir que el inconsciente se exprese. Acoge lo inesperado y confía en el proceso, incluso si parece ilógico o misterioso.

A medida que te familiarices con la técnica, puedes experimentar con diferentes formas de diálogo, como la dramatización, la pintura o el movimiento. Lo crucial es mantener una actitud de curiosidad abierta y recepción hacia lo que surge.

17. Alquimia y Transformación en la Obra de Jung

El crisol de un laboratorio alquímico ardía, y en su interior los metales hervían y cambiaban, mientras las manos del alquimista trazaban el misterio del universo. Para Carl Gustav Jung, este escenario no era solo una metáfora; era un espejo de las transformaciones internas de la psique. Los antiguos alquimistas, al registrar su trabajo, habían tejido un sistema simbólico que reflejaba con precisión los procesos psicológicos que él había dedicado su vida a entender.

La búsqueda de los alquimistas por transformar metales comunes en oro proporcionó a Jung la metáfora perfecta para describir la transformación psicológica. Para ellos, la materia prima representaba el caos inicial: un estado indiferenciado, lleno de potencial, pero que exigía ser transformado. De manera similar, el trabajo psicológico comienza enfrentándose al material inconsciente, esa materia bruta que espera ser moldeada.

En los textos alquímicos, Jung identificó etapas específicas que reflejaban procesos internos. El **nigredo** o ennegrecimiento, simbolizaba la noche oscura del alma: un período de crisis, confusión y confrontación con los aspectos reprimidos de uno mismo. Esta fase, que en terapia emerge como el desmoronamiento de certezas antiguas, era descrita por los alquimistas como descomposición, una ruptura necesaria antes de cualquier renovación.

Le seguía el **albedo**, el blanqueamiento. Aquí, la materia comenzaba a purificarse, y de la oscuridad surgía la claridad. En términos psicológicos, esta fase marcaba el inicio de una conciencia reflexiva, capaz de observarse con cierta objetividad, aunque aún lejos de alcanzar la plenitud.

La etapa final, el **rubedo** o enrojecimiento, era el logro de la totalidad. Los alquimistas lo representaban con la Piedra Filosofal o el matrimonio de opuestos. Jung lo entendió como la integración completa de los aspectos conscientes e inconscientes de la psique, una síntesis que permitía la individuación.

El simbolismo alquímico ofreció a Jung un lenguaje profundo para describir procesos internos. El **vas hermeticum**, el recipiente sellado donde ocurrían las transformaciones, representaba el espacio protegido que la terapia proporciona: un lugar donde emociones intensas pueden ser contenidas y trabajadas en lugar de ser externalizadas. El calor del laboratorio, esencial para la transformación química, era una metáfora de la tensión psicológica necesaria para el cambio. Demasiado poco calor dejaba la materia intacta; un exceso la destruía. El equilibrio adecuado, pensaba Jung, era crucial para lograr un cambio genuino.

Entre estos símbolos, Mercurio ocupaba un lugar especial. Esta sustancia, tanto material como espiritual, simbolizaba el principio transformador. En los sueños y la imaginación activa, Mercurio aparecía como un agente de cambio, desafiando estructuras rígidas y facilitando nuevas síntesis. Era el espíritu inquieto del inconsciente, el puente entre lo conocido y lo desconocido.

Lo que más impresionó a Jung fue la dedicación de los alquimistas a su obra. Décadas de trabajo incansable, fracasos y renovados intentos reflejaban el compromiso necesario para la transformación psicológica. Como en la alquimia, no existen atajos en el proceso interno: cada etapa debe ser enfrentada y trabajada hasta completarse.

Los textos alquímicos, con sus descripciones de metales que "sudan sangre" o materiales que "gritan de dolor", documentaban procesos psicológicos que sus autores no comprendían conscientemente. Este sufrimiento de la materia era un eco del dolor inherente a la transformación interna, un dolor que destruye para permitir el surgimiento de algo nuevo.

Aunque la química moderna reemplazó los objetivos materiales de la alquimia, Jung reconoció la vigencia de su sabiduría simbólica. Los alquimistas habían trazado un mapa completo de la transformación, ofreciendo un modelo atemporal para comprender el viaje hacia la individuación. Su obra nos recuerda que el cambio verdadero no es un misterio a resolver, sino un proceso que, como el fuego en el crisol, debe ser vivido y trabajado con paciencia y devoción.

18. La Mitología y el Inconsciente Colectivo

La mitología es el sueño colectivo de la humanidad, un mapa de los patrones que habitan en las profundidades del inconsciente. Carl Jung, a través de años de observación clínica, detectó sorprendentes ecos entre los sueños de sus pacientes y motivos arcaicos, revelando que los mitos no eran meras fantasías primitivas, sino expresiones vivas del inconsciente colectivo que cruzan las fronteras del tiempo y la cultura.

Los mitos emergen como sueños compartidos por una sociedad, nacidos en momentos de cambio o desafío que activan fuerzas arquetípicas. Al igual que en un sueño individual, los mitos encierran verdades tan complejas que escapan a la lógica, envolviéndolas en narrativas que resuenan con el alma humana a lo largo de generaciones. La universalidad de ciertos temas mitológicos valida esta conexión: relatos de diluvios aparecen desde Mesopotamia hasta las Américas, mientras que las figuras del dios que muere y renace o la creación a partir de la unidad original trascienden los límites culturales.

En su esencia, los mitos son contenedores de experiencias arquetípicas. Proporcionan un marco narrativo para navegar los grandes hitos de la vida: nacimiento, separación, transformación y muerte. Ejemplos como Deméter y Perséfone desentrañan las complejidades del vínculo entre madre e hija, mientras que los trabajos de Hércules reflejan el enfrentamiento con la sombra, esos aspectos oscuros e incómodos del ser.

Jung descubrió que los mitos no solo explican procesos psicológicos individuales, sino también colectivos. Los relatos de creación, por ejemplo, simbolizan el surgimiento de la conciencia desde un estado primigenio de inconsciencia. Los embaucadores muestran cómo la contradicción y el caos impulsan el desarrollo, mientras que los matrimonios divinos representan la unión de opuestos que conduce a la plenitud.

Esta conexión entre lo personal y lo universal da a los mitos su poder perdurable.

Una historia mitológica que resuena con una experiencia personal no solo consuela, sino que ilumina, mostrando caminos hacia la integración psicológica. Al mismo tiempo, preservan verdades que la razón a menudo ignora. Así, el mito de Narciso explora el peligro del ensimismamiento, mientras que los espíritus animales de las tradiciones indígenas personifican facetas de la psique humana más allá de lo racional.

Cada sistema mitológico ofrece una lente única sobre la experiencia humana. Los dioses griegos encarnan fuerzas psicológicas en constante interacción; los mitos nórdicos exploran el conflicto entre orden y caos; y las tradiciones orientales profundizan en estados sutiles de conciencia. En todos, subyace una sofisticada comprensión de la transformación psicológica. Osiris, por ejemplo, ilustra ciclos de muerte y renacimiento, mientras que los mitos aborígenes australianos conectan la psique con la naturaleza.

Pero la relación entre mitología e inconsciente colectivo no es unilateral. Aunque los mitos brotan de lo inconsciente, también moldean cómo las sociedades posteriores se relacionan con estas profundidades. Sin mitos vivos, como advertía Jung, la conexión con el inconsciente colectivo se debilita, dejando a las culturas modernas en busca de significados en formas simbólicas fragmentadas, a menudo a través del arte, el cine o la cultura popular. Estos sustitutos rara vez logran la profundidad de las narrativas tradicionales.

Incluso en una época que descarta los mitos como superstición, su poder persiste. Los sueños modernos retoman sus imágenes, y los movimientos sociales y políticos a menudo repiten inconscientemente patrones mitológicos, especialmente aquellos relacionados con las sombras colectivas. La cultura de consumo transforma los temas míticos en mercancías, diluyendo su riqueza simbólica.

Los mitos, sin embargo, siguen siendo vitales para el entendimiento psicológico. Ayudan a dar sentido a las luchas personales al conectarlas con patrones universales. Relatos como el descenso de Inanna o la condena de

Sísifo arrojan luz sobre el enfrentamiento con la sombra y la persistencia frente a la adversidad, ofreciendo marcos de integración que trascienden el tiempo.

Comprender el vínculo entre mitología e inconsciente colectivo no solo ilumina los procesos psicológicos, sino que también revela cómo la psique genera formas significativas de abarcar la experiencia humana. En las historias de ayer residen las claves para enfrentar los desafíos de hoy, preservando una sabiduría que, en su esencia, conecta lo eterno con lo presente.

19. Arquetipo del Viaje del Héroe

El viaje del héroe es un mapa trazado en el alma humana, un sendero que emerge desde los confines más profundos de nuestra psique colectiva para guiar tanto nuestra evolución personal como las historias que compartimos. Carl Jung, al identificar este arquetipo, lo consideró no solo un motivo literario, sino una estructura de cambio interno que refleja la lucha universal de enfrentar desafíos, superar pruebas y alcanzar una transformación integral.

Cuando la conciencia se enfrenta a lo desconocido, ya sea en el exterior o en el propio paisaje mental, comienza un proceso de transformación. Este proceso sigue un patrón familiar: la llamada a la aventura, el abandono de lo conocido, la inmersión en la oscuridad, la lucha contra adversarios, la obtención de conocimiento o poder, y el retorno con la sabiduría ganada. Cada una de estas etapas responde a necesidades humanas profundas y universales.

La primera etapa, la llamada a la aventura, surge cuando las estrategias conscientes dejan de responder a las necesidades internas. Puede aparecer como un vacío existencial o un sentimiento de pérdida de propósito. Así como los héroes de los mitos dudan ante su llamado, la conciencia también se resiste al cambio, aferrándose a lo familiar incluso cuando esto ya no sirve. Pero esta resistencia no es más que la tensión inicial que empuja hacia lo inevitable.

La separación del mundo conocido simboliza la ruptura con viejos patrones y actitudes, un paso que a menudo se siente como aislamiento, pero que abre el camino hacia nuevas posibilidades. Abandonar la comodidad de lo familiar es el preludio para descubrir nuevas perspectivas y capacidades. No es casualidad que las transiciones más significativas de la vida impliquen periodos de distancia de viejas conexiones y roles.

El descenso a la oscuridad es el enfrentamiento con la sombra, esa parte de la psique que hemos negado o ignorado. Aquí, los héroes mitológicos se enfrentan a monstruos y dragones; en el plano psicológico, batallamos contra nuestros miedos, dudas y complejos ocultos. Es un proceso incómodo, pero también imprescindible, pues confrontar lo negado es el único camino hacia la integración.

Las luchas del héroe no solo reflejan conflictos internos, sino que representan la posibilidad de reconciliación y crecimiento. Las herramientas y aliados obtenidos en el camino simbolizan nuevas habilidades y perspectivas adquiridas al enfrentar lo desafiante. Cada batalla ganada marca un avance en la integración de elementos previamente rechazados.

En los mitos, los héroes regresan con objetos mágicos o tesoros, símbolos de transformación. Estos tesoros, en términos psicológicos, son nuevas formas de conciencia que permiten sanar, aprender y avanzar. Pero el verdadero desafío radica en integrar estos logros en la vida cotidiana. Aquí es donde muchos tropiezan: el retorno exige conectar lo aprendido con la realidad práctica, un paso esencial para que la transformación sea completa.

En la actualidad, aunque los dragones ya no vigilan montañas de oro, el arquetipo del héroe sigue activo. Las luchas modernas –ya sean crisis personales, retos laborales o desafíos creativos– siguen evocando este patrón universal. La sensación de unicidad en nuestras pruebas, combinada con una guía ancestral implícita, reafirma la vigencia de este mapa.

Durante las grandes transiciones de la vida, como la adolescencia, la paternidad o los cambios profesionales, este arquetipo se activa de forma poderosa. Comprender estas etapas como parte de un viaje arquetípico nos permite afrontarlas con mayor claridad y propósito, viendo en cada desafío una oportunidad de crecimiento.

Sin embargo, la cultura actual distorsiona el arquetipo al asociarlo únicamente con el éxito o el poder. La verdadera esencia del héroe reside en el compromiso de enfrentar lo desconocido, aceptando la transformación como un acto de valentía y humildad. Esto pone en valor las luchas cotidianas, en las que la grandeza radica en el esfuerzo más que en el resultado.

A nivel colectivo, el viaje del héroe también se manifiesta. Las sociedades enfrentan desafíos que requieren abandonar paradigmas obsoletos para desarrollar nuevas capacidades. Movimientos sociales, crisis globales y revoluciones culturales reflejan este viaje compartido. Reconocer estas dinámicas nos ayuda a comprender la profundidad psicológica detrás de los cambios que moldean nuestro mundo.

Trabajar con este arquetipo exige discernimiento: no todos los desafíos son épicos ni requieren un compromiso heroico. La sabiduría radica en identificar los momentos que realmente impulsan nuestro desarrollo y en evitar caer en la grandiosidad o el agotamiento. En el contexto terapéutico, este patrón ofrece un marco valioso para navegar el cambio y reconocer las etapas inherentes a toda transformación significativa.

El viaje del héroe nos recuerda que la transformación es un proceso natural e inevitable en el desarrollo humano. Enfrentar desafíos externos o internos nos invita a seguir este camino ancestral, guiándonos hacia una integración más profunda y una comprensión más rica de nosotros mismos y de nuestro lugar en el mundo.

Ejercicio: Escritura de tu propio viaje del héroe

El arquetipo del viaje del héroe es un patrón universal que mapea el camino del crecimiento y la transformación personal. Este ejercicio te invita a aplicar este poderoso arquetipo a tu propia vida a través de la narración.

Comienza reflexionando sobre un período de transición o desafío significativo en tu vida. Podría ser algo que hayas atravesado en el pasado o una situación que estés enfrentando actualmente.

Ahora, imagina esta experiencia como un viaje heroico. Divide la narrativa en las siguientes etapas:

La partida: ¿Cuál fue la "llamada a la aventura" que te sacó de tu zona de confort?

¿Hubo algún evento o realización que actuó como catalizador?

Las pruebas: ¿Qué desafíos y obstáculos enfrentaste en tu camino? ¿Cómo te pusieron a prueba estas experiencias?

Los aliados y enemigos: ¿Quién o qué te ayudó en tu viaje? ¿Enfrentaste alguna "sombra" u oposición, ya sea interna o externa?

El punto más bajo: ¿Hubo un momento de "muerte" simbólica o desesperación? ¿Cómo tocaste fondo y cómo respondiste?

La revelación: ¿Qué descubriste sobre ti mismo o sobre la vida a través de este proceso? ¿Obtuviste algún nuevo conocimiento o comprensión?

La transformación: ¿Cómo te cambió esta experiencia? ¿Qué "regalo" o nueva fortaleza surgió de tu lucha?

El regreso: ¿Cómo has integrado esta experiencia en tu vida? ¿Cómo estás aplicando lo que aprendiste a medida que avanzas?

A medida que escribas tu historia, no te preocupes por la perfección literaria. El objetivo es traducir tu experiencia al lenguaje del mito y el arquetipo.

Una vez que hayas completado tu narrativa, tómate un tiempo para reflexionar:

¿Qué temas o patrones surgen en tu historia?

¿Cómo encaja este viaje específico en el contexto más amplio de tu vida?

¿Qué nuevas perspectivas has obtenido sobre tus fortalezas, desafíos y trayectoria de crecimiento?

¿Hay alguna sabiduría de esta experiencia que puedas aplicar a los desafíos actuales o futuros?

Compartir tu historia, ya sea con un terapeuta, un amigo de confianza o un grupo de apoyo, puede brindar una validación y una sensación de conexión profundas. Reconocer los temas universales en nuestras luchas individuales nos recuerda que nunca estamos verdaderamente solos.

20. Arquetipo del Anciano Sabio

¿Quién no ha sentido alguna vez la atracción hacia la figura del sabio? Ese faro de conocimiento, guía inquebrantable en los momentos de duda. El arquetipo del Anciano Sabio, definido por Jung como una de las fuerzas más profundas del inconsciente colectivo, trasciende culturas y épocas. Es un símbolo de sabiduría que no se limita a la acumulación de hechos, sino que abraza la percepción profunda y el entendimiento esencial de la existencia.

A lo largo de la historia, este arquetipo ha tomado formas diversas según el contexto cultural, pero siempre manteniendo su esencia. En el Egipto antiguo, Thoth, deidad de la escritura y las matemáticas, ilustraba esta figura, mientras que Seshat preservaba el conocimiento humano con precisión divina. En la Grecia clásica, el oráculo de Delfos hablaba en acertijos que desafiaban la comprensión inmediata, y Atenea, diosa de la estrategia, ofrecía su sabiduría tanto a héroes como a ciudades. Estas expresiones reflejan un equilibrio entre la sabiduría práctica y el conocimiento que trasciende lo cotidiano.

En las tradiciones orientales, el Anciano Sabio toma formas igualmente poderosas. Lao-Tzu y Confucio encarnan la enseñanza a través de la paradoja, mientras que el roshi zen japonés utiliza acciones aparentemente contradictorias para despertar a sus discípulos. En la India, el gurú actúa como puente viviente entre lo terrenal y lo trascendente, demostrando la capacidad del arquetipo para conectar el conocimiento humano con lo divino.

Las culturas indígenas aportan un matiz profundamente conectado con la naturaleza y la espiritualidad. Los curanderos nativos americanos combinan el conocimiento de las plantas medicinales con una visión espiritual que guía a toda la comunidad. En África, los griots son narradores, consejeros y guardianes de la memoria colectiva. Los ancianos aborígenes australianos conservan las líneas de canto, mapas sagrados que revelan tanto la geografía física como espiritual de su entorno.

Este arquetipo no opera en aislamiento. Su interacción con el Héroe es particularmente significativa: aparece en los momentos decisivos del viaje, ofreciendo orientación o herramientas esenciales para superar desafíos. De igual manera, su relación con la Gran Madre evidencia una dualidad fascinante. Mientras ella nutre la vida en su aspecto más físico y emocional, el Anciano Sabio cultiva el desarrollo psicológico y espiritual. Incluso su relación con el Embaucador, aunque conflictiva, resalta cómo la sabiduría puede emplear lo inesperado para abrir nuevas perspectivas.

Como todo arquetipo, también tiene su sombra. Falsos profetas y líderes dogmáticos son ejemplos de cómo la sabiduría puede distorsionarse cuando se convierte en vehículo del ego. Jung advirtió sobre los peligros de identificarse demasiado con este patrón, recordándonos que la verdadera sabiduría radica en la conexión, no en la posesión.

En el mundo moderno, el Anciano Sabio sigue siendo relevante. Las figuras de Yoda en **La Guerra de las Galaxias** o Morfeo en **Matrix** muestran cómo este arquetipo se adapta a las narrativas contemporáneas, mientras que los mentores y comunidades digitales emergen como nuevas formas de transmitir sabiduría. Sin embargo, la digitalización plantea desafíos: aunque facilita el acceso al conocimiento, también puede diluir la conexión directa y personal que históricamente ha sido vital para el aprendizaje profundo.

A nivel psicológico, este arquetipo desempeña un papel crucial durante la madurez. En la mitad de la vida, cuando las preguntas sobre propósito y significado se intensifican, el Anciano Sabio emerge como una guía interna, ayudando a transformar la experiencia en sabiduría genuina. Este proceso requiere un equilibrio constante: confiar en la sabiduría interna mientras se evita caer en ilusiones o certezas absolutas.

Frente a los retos del presente, desde la crisis ambiental hasta la transformación social y tecnológica, el arquetipo del Anciano Sabio es más necesario que nunca. No como una figura que ofrece respuestas simples, sino como un recordatorio de que la verdadera sabiduría exige reflexión, conexión y humildad. Es un espejo de nuestra capacidad para aprender de la experiencia y mirar más allá de lo evidente, hacia la esencia de lo que realmente importa.

21. Los arquetipos de la madre y el niño

¿Quién no ha sentido, en algún rincón de su ser, la resonancia de una figura maternal o la chispa vital de un nuevo comienzo? Los arquetipos de la madre y el niño son más que simples metáforas: son cimientos psicológicos que definen nuestra experiencia desde el primer aliento. A través de ellos, se teje una narrativa universal que conecta a cada individuo con el vasto tapiz de la humanidad.

El arquetipo de la madre encarna lo maternal en su esencia más pura, trascendiendo las experiencias personales para aparecer como un símbolo colectivo de nutrición y poder. Esta figura, que abarca desde la Madre Tierra hasta divinidades como Deméter o Kali, representa tanto la creación como la destrucción, la vida y la muerte, el consuelo y el abismo. Su impacto reside en las emociones que despierta, tocando fibras profundas de protección, calidez y, a veces, temor. En el ámbito psicológico, la primera experiencia del bebé con la madre o la cuidadora principal moldea la forma en que ese arquetipo influirá en la vida futura. Una maternidad suficientemente buena puede sembrar confianza y seguridad, mientras que la privación o el rechazo pueden dejar cicatrices perdurables.

Por su parte, el arquetipo del niño simboliza el inicio, la renovación y la búsqueda de la autenticidad. Este arquetipo, representado en mitos y sueños como el niño divino, el eterno joven o el infante herido, nos acompaña a lo largo de la vida, recordándonos la vulnerabilidad que acompaña al crecimiento y la promesa de transformación. Actúa como catalizador en los momentos de cambio, iluminando tanto nuestra fragilidad como nuestro potencial.

La interacción entre estos arquetipos crea un terreno fértil para el desarrollo humano. La madre contiene, el niño crece; pero para florecer, el contenedor debe ceder, permitiendo que el niño encuentre su autonomía. Esta tensión entre protección y libertad es el corazón de la dinámica madre-hijo, una danza incesante que configura relaciones y desafíos en la vida adulta.

Los ecos de esta conexión primigenia reverberan en las relaciones humanas. Aquellos que han recibido una expresión positiva del arquetipo materno suelen destacar en el cuidado de los demás, aunque a menudo les cuesta recibir cuidados. Por el contrario, quienes han sufrido heridas en este ámbito pueden oscilar entre una dependencia voraz y un rechazo absoluto hacia la crianza. En cuanto al arquetipo del niño, su energía se manifiesta en las transiciones de vida, impulsando creatividad e innovación, pero también puede arrastrar patrones de abandono o inseguridad si permanece herido.

Culturalmente, estos arquetipos influyen en nuestra percepción de la maternidad y la infancia. La idealización de la madre como figura exclusivamente nutritiva y la fetichización de la inocencia infantil son ejemplos de cómo estas energías se filtran en nuestra sociedad, a menudo generando expectativas insostenibles y una desconexión con las facetas más complejas de estos arquetipos.

En el ámbito terapéutico, el trabajo con los arquetipos de la madre y el niño es un puente hacia la sanación. Reconectar con los aspectos positivos de estas energías y aceptar sus sombras puede reparar heridas antiguas, reconstruyendo la confianza básica y liberando el potencial creativo.

Los sueños, ese lenguaje misterioso del alma, suelen estar habitados por estas imágenes: la Gran Madre, en su dualidad de madre nutricia y destructora, o el niño, símbolo de posibilidades o de una vulnerabilidad que clama por atención. Trabajar con estas visiones oníricas permite integrar y reconciliar las fuerzas que moldean nuestra psique.

Pero estos arquetipos no se limitan al individuo. Reflejan también nuestro vínculo colectivo con la naturaleza y la sociedad. La relación con el arquetipo de la madre se manifiesta en la forma en que cuidamos la Tierra, mientras que el estado del arquetipo del niño se ve en cómo tratamos a los más jóvenes. Comprender estas energías es comprendernos a nosotros mismos, en nuestras relaciones, nuestras culturas y nuestras esperanzas de un futuro más consciente.

22. El concepto de Jung de complejos y proyección psicológica

El descubrimiento de Jung sobre los complejos y su relación con la proyección psicológica representa una de las contribuciones más incisivas y útiles a la psicología profunda. A través de su labor clínica en el Hospital Burghölzli y observaciones rigurosas, Jung identificó a los complejos como «subpersonalidades» semi-autónomas, cada una dotada de su propia carga emocional y patrones conductuales. Estas estructuras internas, explicó, funcionan con sorprendente independencia, comportándose como entidades con agendas propias y energía particular.

Los complejos se originan cuando experiencias emocionales intensas convergen alrededor de temas específicos de nuestras vidas, formando nudos psicológicos mediante repeticiones o eventos profundamente significativos. Para Jung, esta idea no fue una especulación teórica, sino el resultado directo de su experiencia personal y profesional.

Desde temprana edad, Jung vivió lo que denominó sus «personalidades número 1 y número 2», un fenómeno que detalló en su autobiografía. Su personalidad número 1 era el niño cotidiano: el hijo, el estudiante, el ser inmerso en las dinámicas del día a día. En contraste, su personalidad número 2 se sentía como un anciano atemporal del siglo XVIII, conectado con la naturaleza, la historia y algo trascendental. Mientras la número 1 lidiaba con los conflictos y la banalidad del mundo tangible, la número 2 existía en un reino profundo y simbólico. En lugar de considerar patológica esta división, Jung la aceptó como evidencia de la multiplicidad natural de la psique, lo que fue clave en su comprensión de cómo los complejos operan dentro de una mente equilibrada.

Un niño que enfrenta críticas constantes sobre su rendimiento escolar puede desarrollar un complejo de inferioridad intelectual, mientras que alguien marcado por el abandono temprano puede construir complejos que afecten sus relaciones futuras. Cuando se activan, estos complejos pueden dominar temporalmente la conciencia, llevando a respuestas instintivas que después generan desconcierto: «¿Qué me ocurrió?».

Pero los complejos no son solo un fenómeno individual; también se manifiestan a nivel colectivo. Las sociedades poscoloniales, por ejemplo, suelen albergar complejos relacionados con la identidad y la autoestima, mientras que culturas marcadas por traumas históricos tienden a generar patrones en torno a la seguridad y la confianza. Las jerarquías rígidas fomentan complejos vinculados a la autoridad, mientras que las sociedades consumistas manifiestan tensiones alrededor del estatus y la posesión. Estas dinámicas colectivas interactúan con los complejos individuales, dando forma a conductas en múltiples niveles.

Las primeras experiencias de apego tienen un papel esencial en cómo se forman y evolucionan los complejos. Niños con apego seguro suelen desarrollar patrones más flexibles y adaptativos, mientras que aquellos con apego inseguro crean estructuras más rígidas y problemáticas. Una persona con apego ansioso podría desarrollar complejos relacionados con el rechazo, mientras que alguien con apego evitativo podría establecer defensas que dificultan la vulnerabilidad y la intimidad. Estos patrones iniciales moldean nuestra respuesta a los eventos de vida de formas profundas y duraderas.

Aunque a menudo se perciben como negativos, los complejos también pueden servir como fuerzas constructivas. Patrones positivos pueden alimentar logros creativos, cuidado hacia los demás o habilidades de liderazgo, impulsando el desarrollo personal y profesional cuando se manejan conscientemente. Estos ejemplos ilustran que, lejos de ser meramente obstáculos, los complejos pueden convertirse en aliados del crecimiento psicológico.

La proyección, a su vez, es una expresión natural de los complejos. Este mecanismo externaliza contenidos inconscientes, permitiendo identificar aspectos propios reflejados en los demás. Sin embargo, este proceso solo resulta transformador si se aborda con atención y trabajo psicológico deliberado.

En entornos grupales, los complejos dan lugar a patrones complejos de interacción. Los complejos de autoridad influyen en las dinámicas de liderazgo; los de competencia, en las relaciones laborales; y los de pertenencia, en la inclusión o exclusión social. Reconocer estas dinámicas facilita navegar las estructuras organizativas con mayor claridad y eficacia.

Los sueños, por otro lado, funcionan como un portal hacia el mundo de los complejos, ofreciendo imágenes simbólicas y narrativas que revelan tensiones inconscientes. Al trabajar con el material onírico, se puede integrar lo reprimido, avanzando hacia una psique más completa.

La terapia proporciona un espacio esencial para explorar y transformar los complejos y sus proyecciones. A través de un proceso cuidadoso, las personas pueden retraer proyecciones y desarrollar una relación consciente con sus complejos. Este trabajo, aunque desafiante, permite convertir estos patrones en partes integradas de una personalidad unificada.

El camino hacia la madurez psicológica consiste en enfrentar estos aspectos autónomos de la psique, comprenderlos y liberarse de su control inconsciente. Este proceso exige valentía y paciencia, pero ofrece como recompensa una mayor autenticidad y libertad psicológica, así como una conexión más rica con la vida y los demás.

Comprender los complejos y la proyección es crucial no solo para el desarrollo personal, sino también para la evolución colectiva. Al integrarlos con conciencia, nos acercamos a una existencia más plena y significativa, tanto en lo individual como en lo social.

23. La función trascendente: Tendiendo puentes entre lo consciente y lo inconsciente

En las profundidades de la psique, donde confluyen fuerzas conscientes e inconscientes, Jung identificó un fenómeno que llamó la función trascendente. Este proceso transforma los conflictos internos en un puente hacia una conciencia más amplia, revelando la sabiduría inherente en el ser humano. No es una resolución mágica, sino un mecanismo que une polos aparentemente opuestos para generar nuevas perspectivas y fomentar el desarrollo interior.

La inspiración de Jung surgió de su propia crisis psicológica tras separarse de Freud. En esos momentos de tormento interno, percibió cómo su mente generaba imágenes y percepciones capaces de integrar fuerzas contrarias. Este proceso no eliminaba los conflictos, sino que los transformaba en una dinámica creativa que propiciaba el crecimiento personal.

El núcleo de esta función está en los símbolos. Cuando la razón no basta para resolver un conflicto, la psique produce material simbólico —sueños, imaginación activa o expresión artística— que encapsula elementos de ambos lados. Estos símbolos permiten procesar lo inconsciente y lo acercan a la conciencia, como un puente entre dos mundos.

Imaginemos una persona dividida entre su carrera y su familia. Un análisis lógico puede agravar la tensión, pero los sueños o las fantasías pueden ofrecer imágenes que faciliten una nueva comprensión de esa encrucijada. Este proceso no ofrece soluciones inmediatas, pero cambia la forma de experimentar el conflicto, abriendo posibilidades inéditas.

El método requiere atención consciente y apertura hacia lo inconsciente, evitando forzar respuestas prematuras. Jung comparó esta función con el crecimiento de un cristal: surge de manera natural cuando las condiciones son propicias. Intentar controlar el proceso suele llevar al fracaso, mientras que una disposición paciente y comprometida permite que las soluciones emerjan espontáneamente.

La tensión psicológica es el catalizador de este mecanismo. Al igual que un músculo se fortalece ante la resistencia, el desarrollo interior exige enfrentar los opuestos en lugar de rehuirlos. La función trascendente se activa con mayor intensidad cuando aceptamos el conflicto como un motor de transformación.

Este fenómeno opera a través de múltiples canales. Los sueños ofrecen pistas simbólicas. La imaginación activa permite interactuar directamente con el inconsciente. Las expresiones creativas, como la pintura o la escritura, pueden convertirse en vehículos de esta integración, y hasta el cuerpo, a través de síntomas físicos, puede expresar una solución simbólica a conflictos internos.

El tiempo también es crucial. Este proceso sigue su propio ritmo, a menudo desfasado de las expectativas conscientes. Forzar una resolución puede truncarlo, mientras que la paciencia permite que se despliegue de forma natural. Esto implica tolerar incertidumbre y malestar, algo que el ego raramente desea aceptar.

El desarrollo de la función trasciende fases. Primero, los opuestos se enfrentan. Luego surgen símbolos que integran aspectos de ambas posturas. Finalmente, emerge una perspectiva superior que no elimina las tensiones, pero las reorganiza en un nivel más profundo. Este tercer estado no es un compromiso, sino una síntesis que redefine la relación con el conflicto.

Trabajar con esta función requiere habilidades específicas: tolerar tensiones sin apresurar resoluciones, identificar y comprometerse con símbolos, y mantener un equilibrio consciente entre lo consciente y lo inconsciente. Estas destrezas se perfeccionan con la práctica y, en muchos casos, con el acompañamiento de un terapeuta.

Cada tipo psicológico experimenta este proceso de forma distinta. Los pensadores pueden verlo como intuiciones reveladoras. Los sentimentales lo encuentran en giros emocionales inesperados. Los sensoriales, en experiencias físicas o soluciones prácticas. Los intuitivos, en imágenes o patrones simbólicos que los guían.

El contexto cultural también juega un papel. Nuestra época, dominada por la lógica y la velocidad, a menudo desprecia el pensamiento simbólico, dificultando el acceso a esta función. Por ello, a veces es necesario desafiar activamente las expectativas culturales para permitir que el proceso siga su curso.

En terapia, la función trascendente encuentra un espacio seguro para manifestarse. El terapeuta ayuda a sostener la tensión mientras facilita el surgimiento de símbolos. Incluso la relación terapéutica puede actuar como un símbolo, ofreciendo un marco donde los opuestos interactúan de forma constructiva.

La función trascendente es esencial en la individuación, el viaje hacia la integración psicológica. Ayuda a resolver complejos, a reconciliar facetas opuestas de la personalidad y a consolidar el Yo como el centro organizador de la psique. Cada experiencia con este proceso acerca al individuo a un estado de mayor plenitud.

Pero su alcance no se limita al ámbito personal. También actúa en las relaciones y en los colectivos. Parejas, grupos e incluso culturas completas atraviesan transformaciones simbólicas que reconfiguran sus conflictos y generan nuevas posibilidades de integración.

Ejercicio: Expresión creativa de los opuestos

La función trascendente, según Jung, es el mecanismo psicológico que permite la integración de los opuestos y facilita el proceso de individuación. A través de la expresión creativa, podemos explorar y reconciliar las tensiones entre diferentes aspectos de nosotros mismos.

Para comenzar este ejercicio, identifica un par de opuestos que estén presentes en tu vida. Estos pueden ser emociones (por ejemplo, amor y odio), estados de ánimo (por ejemplo, alegría y tristeza), o cualidades personales (por ejemplo, fuerza y vulnerabilidad). Tómate un tiempo para reflexionar sobre cómo experimentas estos opuestos y cómo influyen en tu vida.

A continuación, elige un medio creativo para explorar estos opuestos. Esto podría ser:

Una obra de arte visual, como una pintura, un dibujo o un collage

Un poema o un relato corto

Una composición musical o una canción

Un movimiento o una danza

Mientras creas, permite que tu obra exprese ambos aspectos de los opuestos que has identificado. Por ejemplo, si estás explorando alegría y tristeza, puedes crear una pintura que incluya colores brillantes y oscuros, o componer una canción con melodías tanto mayores como menores.

No te preocupes por crear una obra "perfecta". El objetivo de este ejercicio no es el producto final, sino el proceso de participar en un diálogo creativo con tus opuestos internos.

A medida que te sumerjas en el proceso creativo, observa cualquier emoción, pensamiento que surja. ¿Cómo se siente expresar estos opuestos? ¿Qué desafíos encuentras? ¿Hay algún momento de sorpresa o descubrimiento?

Después de completar tu obra, tómate un tiempo para reflexionar sobre la experiencia. Considera las siguientes preguntas:

¿Qué he aprendido sobre estos opuestos a través del proceso creativo?

¿Ha cambiado mi relación con estos opuestos? Si es así, ¿cómo?

¿Puedo imaginar una forma en que estos opuestos podrían reconciliarse o integrarse?

¿Cómo puedo aplicar esta experiencia a otros aspectos de mi vida?

La función trascendente es un aspecto clave del proceso de individuación, permitiéndonos integrar aspectos dispares de nosotros mismos en un todo más completo y auténtico. A través de la expresión creativa de los opuestos, podemos facilitar esta transformación y profundizar nuestra conexión con nuestra totalidad psíquica.

24. Enantiodromía e inflación psicológica

Los conceptos de enantiodromía e inflación psicológica son fundamentales para comprender el desarrollo psíquico según Jung. Ambos operan como mecanismos de autorregulación en la psique, pero su impacto puede ser perturbador cuando actúan fuera de la conciencia.

La enantiodromía, un término tomado de Heráclito, describe cómo cualquier postura psicológica extrema tiende a transformarse en su opuesto. Cuando la conciencia se aferra rígidamente a una actitud, el inconsciente acumula una fuerza contraria que irrumpe de manera abrupta, invirtiendo la posición inicial. Este proceso, semejante al vaivén de un péndulo, refleja la inclinación natural de la psique hacia el equilibrio.

Esta dinámica es evidente tanto en el plano individual como en el colectivo. Una persona obsesionada con el pensamiento lógico puede verse arrasada por emociones descontroladas.

Quien busca la trascendencia espiritual puede caer en impulsos materialistas. En el ámbito cultural, una sociedad que exalta una moral rígida puede incubar su sombra en forma de excesos clandestinos. Cuanto mayor sea el desequilibrio, más drástica será la corrección.

Esto es especialmente cierto en individuos identificados con roles específicos. El ejecutivo inflexible en su trabajo puede experimentar caos en su vida privada. El amigo siempre positivo puede hundirse en períodos de misantropía. El buscador espiritual puede sucumbir a deseos terrenales. Estos contrastes emergen porque la psique persigue la totalidad, y un desarrollo unilateral provoca inevitablemente su contrapeso.

La inflación psicológica, aunque distinta, está conectada. Surge cuando el ego se fusiona con contenidos arquetípicos o colectivos, perdiendo de vista sus limitaciones. Como un globo que se infla más allá de lo soportable, el ego se expande desmesuradamente, generando pensamientos grandiosos y una desconexión de la realidad.

Este fenómeno suele aparecer durante avances psicológicos o espirituales. Al enfrentar poderosos arquetipos o experimentar estados trascendentes, el ego puede confundirse con algo superior. El místico que proclama haber alcanzado la iluminación, el artista que se identifica con su creatividad o el líder que se cree invencible son ejemplos claros de este fenómeno.

La relación entre enantiodromía e inflación se evidencia en su secuencia. La inflación, llevada al extremo, suele desembocar en un colapso opuesto. Un maestro convencido de su perfección puede caer en profundas dudas o transgresiones. Una sensación de invulnerabilidad puede transformarse en un agudo sentido de fragilidad.

Manejar estas dinámicas requiere habilidades psicológicas específicas. En el caso de la enantiodromía, implica identificar y corregir desequilibrios antes de que provoquen una inversión drástica. Esto requiere autoexamen constante para detectar áreas donde reprimimos aspectos opuestos.

Para enfrentar la inflación, se necesita verdadera humildad, una evaluación honesta de las propias capacidades y limitaciones. Esto es crucial durante períodos de éxito o estados de expansión psicológica. Distinguir entre crecimiento genuino e inflación temporal es vital para mantener el equilibrio.

A nivel colectivo, estas dinámicas son evidentes en movimientos sociales y culturales. Las oscilaciones políticas y las organizaciones religiosas que confunden su poder con el divino ilustran enantiodromía e inflación, respectivamente. Comprender estos patrones facilita una interacción más consciente con los procesos colectivos.

Herramientas como los sueños y la imaginación activa son valiosas para explorar estas dinámicas. Los sueños suelen anticipar la enantiodromía con imágenes de inversión o conflictos internos. También pueden reflejar inflación a través de visiones grandiosas o advertencias sutiles. Interpretar estos mensajes contribuye al equilibrio.

En terapia, reconocer estas fuerzas es clave. Los terapeutas deben ayudar a los clientes a integrar aspectos opuestos antes de una crisis y a evitar inflaciones perjudiciales durante momentos de progreso. Ambos fenómenos son parte integral del camino de la individuación, garantizando un desarrollo equilibrado y una expansión psicológica constructiva.

En la vida contemporánea, el ritmo acelerado y la especialización pueden exacerbar estos fenómenos. Las redes sociales y la cultura de las celebridades amplifican la inflación del ego. Por ello, comprometerse conscientemente con estas dinámicas se vuelve esencial para afrontar los desafíos actuales.

25. La exploración de Jung de las filosofías orientales

¿Dónde reside la verdadera conexión entre oriente y occidente en el arte de comprender la mente humana? Este enigma, que intriga desde hace siglos, encontró en Carl Gustav Jung un explorador apasionado que no solo buscaba respuestas, sino que también unía puentes entre mundos.

Desde los días de su juventud, cuando descubrió en la biblioteca de su padre textos religiosos asiáticos, Jung sintió una atracción hacia la sabiduría oriental. Pero fue su colaboración con Richard Wilhelm[6], sinólogo y traductor, lo que encendió una chispa transformadora en su pensamiento. Juntos, trabajaron en «El secreto de la flor dorada», un antiguo texto taoísta que resonaba profundamente con sus observaciones

---

[6] Richard Wilhelm (1873-1930) fue un sinólogo alemán conocido por sus traducciones de textos filosóficos chinos, incluyendo el I Ching. Su traducción y comentario del I Ching sigue siendo la versión estándar en Occidente.

psicológicas. Jung descubrió en esta obra paralelismos asombrosos con sus estudios sobre la psique, particularmente en la práctica de la meditación y las transformaciones interiores descritas, que coincidían con los patrones universales que observaba en sueños y en la imaginación activa de sus pacientes.

La alquimia taoísta, reflejada en el texto, ofreció a Jung una nueva manera de interpretar su teoría de la individuación. El equilibrio entre opuestos –luz y oscuridad, consciente e inconsciente, masculino y femenino– descrito en esta tradición, se alió con su visión de la totalidad psicológica. No era solo una validación de su trabajo; era un reconocimiento de que la mente humana compartía un lenguaje simbólico, sin importar su origen cultural.

Otro hito en su travesía fue su análisis de «El libro tibetano de los muertos» (Bardo Thödol)[7], que desveló un intrincado mapa de la

---

[7] Conocido en Occidente como "El Libro Tibetano de los Muertos", es un texto que describe los estados de consciencia entre la muerte y el renacimiento. Jung lo interpretó como una guía para la transformación psicológica.

conciencia y la transición. En lugar de limitarlo a una guía post-mortem, Jung lo interpretó como un reflejo de las crisis y transformaciones psicológicas que atravesamos durante la vida. Las imágenes de deidades pacíficas e iracundas representaban, para él, las fuerzas arquetípicas del inconsciente con las que el ego debía enfrentarse para alcanzar un mayor desarrollo personal.

El estudio del yoga kundalini[8] fue otro paso significativo en su exploración. Jung vio en los chakras no solo un sistema espiritual, sino también un modelo que complementaba su visión de la evolución de la conciencia. No obstante, abordó estas prácticas con una crítica cuidadosa. Reconocía que el contexto cultural era esencial: las herramientas diseñadas para trascender el ego en oriente no podían ser adoptadas sin adaptación por un individuo

---

[8] Concepto del yoga que describe la energía espiritual que yace dormida en la base de la columna vertebral. Jung estudió este fenómeno como una manifestación del proceso de individuación en las tradiciones orientales.

occidental cuya estructura psicológica requería primero un fortalecimiento del ego.

Jung destacó las diferencias fundamentales entre los enfoques orientales y occidentales. Mientras que las tradiciones orientales buscaban disolver las barreras del ego a través de prácticas contemplativas, la psicología occidental apuntaba al desarrollo de una fuerte identidad consciente antes de enfrentarse a lo desconocido. Esta visión lo llevó a alertar contra el uso superficial de técnicas orientales, argumentando que podrían convertirse en un escape del crecimiento psicológico, en lugar de fomentarlo.

Al integrar estas influencias, Jung no se limitó a importar ideas. Adaptó las enseñanzas a su contexto, creando métodos como la imaginación activa, que, aunque inspirados en el pensamiento oriental, permanecían accesibles y útiles para la psique occidental. También encontró en las tradiciones orientales un enfoque más profundo hacia los símbolos, no como meras supersticiones, sino como claves para la transformación interna.

La sincronicidad, un concepto clave en su obra, tomó forma en parte gracias al contacto con la filosofía taoísta. La idea de que psique y materia están entrelazadas resonaba con la visión oriental del universo, ayudando a Jung a trascender las limitaciones del materialismo occidental sin sacrificar el rigor científico.

Así, su viaje a través de las filosofías orientales no fue una simple búsqueda académica; fue una profunda reconfiguración de su entendimiento de la mente humana. En cada texto, en cada encuentro con tradiciones milenarias, Jung encontró no solo respuestas, sino espejos de su propio trabajo, revelando que los caminos hacia la totalidad son múltiples, pero los fundamentos de la psique humana son universales.

26. Religión y Espiritualidad en la Psicología Junguiana

Para Jung, la religión y la espiritualidad no eran simples credos o rituales, sino territorios profundos del alma. En su exploración de las experiencias religiosas a lo largo de las culturas, reveló una verdad esencial: la psique humana es el origen de nuestros anhelos espirituales, y los símbolos y prácticas sagradas son las múltiples formas en que estos se manifiestan. Desde esta perspectiva, la religión no es cuestión de creencias, sino una expresión fundamental de la naturaleza psicológica del ser humano.

A través del estudio de diversas tradiciones religiosas y el análisis de sus pacientes, Jung descubrió que las experiencias espirituales representan procesos profundos que emergen del inconsciente colectivo. Este enfoque revolucionó la comprensión del fenómeno religioso al estrechar la brecha entre lo espiritual y lo psicológico. Para Jung, el instinto religioso era tan esencial como cualquier otro impulso humano. Al ser reprimido, su energía resurge en formas como la ansiedad, la adicción o el fanatismo, recordándonos la necesidad de reconectar con lo sagrado para hallar sentido en nuestras vidas.

Jung diferenciaba entre la experiencia religiosa personal y los sistemas dogmáticos de las instituciones. Estas últimas, aunque conservan y transmiten sabiduría, pueden sofocar el contacto directo con lo numinoso. La verdadera espiritualidad, según Jung, implica un encuentro genuino con lo trascendente, una experiencia que despierta asombro, temor o una profunda sensación de significado que escapa a la lógica.

En este marco, la imagen de Dios ocupa un lugar central. Jung evitó debatir la existencia de lo divino y se enfocó en su impacto psicológico. Para él, la imagen de Dios nace del arquetipo del Yo, símbolo de la totalidad de la psique. Cuando una persona experimenta a «Dios», confronta dimensiones profundas de su propio ser, proyectadas hacia figuras externas.

Los símbolos religiosos actúan como vehículos de transformación, convirtiendo contenidos inconscientes en formas comprensibles para la conciencia. Desde la cruz hasta el mandala, estos símbolos no son inventos culturales arbitrarios, sino expresiones universales de la psique humana. Aparecen en sueños y visiones incluso entre quienes no tienen antecedentes religiosos, probando su origen en el inconsciente colectivo.

Los rituales, por su parte, ofrecen un marco seguro para lidiar con energías inconscientes. En ausencia de estos, las personas quedan expuestas a fuerzas internas que pueden ser abrumadoras. La modernidad, al erosionar los rituales significativos, deja un vacío que aumenta la vulnerabilidad ante lo inconsciente.

Jung también abordó la relación entre el bien y el mal, rechazando las visiones que niegan el mal para identificarse exclusivamente con el bien. La auténtica espiritualidad, sostenía, requiere integrar tanto la luz como la sombra, pues intentar eliminar el mal solo lo fortalece.

La conversión religiosa, otro foco de su análisis, ocurre cuando el ego se encuentra con contenidos del inconsciente colectivo, interpretándolos como revelaciones divinas.

Aunque Jung reconocía el impacto transformador de estas experiencias, las entendía como manifestaciones psicológicas naturales, no sobrenaturales.

Las experiencias místicas ofrecen un vistazo al inconsciente colectivo. Relatos de unidad con lo divino y trascendencia del tiempo y espacio son comunes en diversas tradiciones, y Jung las veía como compromisos profundos con la psique.

Además, Jung exploró la conexión entre sexualidad y espiritualidad. En su visión, ambas son expresiones de la misma energía psíquica. Cuando una reprime a la otra, emergen formas distorsionadas que evidencian este desequilibrio.

Prácticas como la oración y la meditación, para Jung, son diálogos entre lo consciente y lo inconsciente, herramientas para integrar fuerzas internas opuestas. Igualmente, la duda religiosa no es un obstáculo, sino un catalizador para una fe más auténtica, capaz de romper estructuras rígidas y abrir paso a encuentros genuinos con lo trascendente.

En un mundo moderno marcado por el materialismo, la propuesta de Jung nos ofrece un punto medio: reconocer el valor psicológico de lo espiritual sin perder la mirada crítica. Con esta base, la humanidad puede reimaginar su relación con lo sagrado, desarrollando nuevas formas de vivir una espiritualidad genuina que integre la sabiduría del inconsciente colectivo.

27. Arte y Creatividad en la Teoría Junguiana

El artista, según Jung, se convierte en un canal que conecta el inconsciente colectivo con la expresión tangible, moldeando las energías arquetípicas que subyacen a la conciencia. En el acto de creación, el artista bebe de un manantial psíquico que trasciende lo individual, transformándose en un medio para los símbolos y motivos universales que han definido la imaginación humana desde tiempos remotos. A través de la perspectiva junguiana, el proceso creativo es un diálogo dinámico entre la mente consciente y la inconsciente, un puente entre lo personal y lo eterno que da vida a obras de significado profundo y duradero.

Jung entendió que la verdadera creatividad no surge únicamente de la intención consciente, sino del intercambio vivo entre la conciencia y el inconsciente. Este encuentro genera lo que él llamaba arte visionario, una creación que emerge de las profundidades del inconsciente colectivo, superando los límites de la experiencia personal.

El impulso creativo florece cuando el contenido inconsciente encuentra una forma consciente para expresarse. Los artistas suelen describir esta experiencia como un fenómeno fuera de su control, percibiendo la creatividad como una fuerza que los atraviesa en lugar de originarse en ellos. Jung identificó esta dinámica como un reflejo de la autonomía del inconsciente, con sus energías e imágenes que demandan manifestarse independientemente de la voluntad consciente.

La relación entre el artista y el inconsciente se revela en experiencias donde la obra parece cobrar vida propia. Comenzando con una idea concreta, el creador a menudo descubre que su trabajo toma giros inesperados, guiado por una fuerza interna con su propia dirección. Esto evidencia cómo la creatividad opera como un puente entre los reinos consciente e inconsciente, permitiendo que emerjan contenidos velados en formas que la mente pueda captar.

Sueños e imaginación activa son fuentes esenciales de inspiración creativa, ofreciendo acceso directo a las profundidades del inconsciente. Muchos artistas narran haber recibido ideas cruciales en estados oníricos o a través de visiones espontáneas. Estas experiencias, al escapar del control racional, permiten la emergencia de material puro, sin ser filtrado por pensamientos convencionales o expectativas culturales.

El proceso creativo guarda una sorprendente semejanza con la alquimia que fascinó a Jung. Así como los alquimistas trabajaban con la materia prima para transformarla, los artistas convierten el material inconsciente en expresiones depuradas de verdad psicológica. Este proceso requiere entrega y paciencia, permitiendo que los significados ocultos se revelen en lugar de imponer formas prediseñadas.

La auténtica creatividad implica riesgos psicológicos significativos. Abrirse al contenido inconsciente puede desbordar la estabilidad emocional si no se enfrenta con la suficiente fortaleza interna. Muchos artistas atraviesan periodos de fragilidad psicológica durante procesos creativos intensos, un reflejo de la lucha por equilibrar el ego frente a las fuerzas del inconsciente.

El concepto de complejo autónomo es clave para comprender la creatividad. Las ideas creativas se comportan a menudo como entidades independientes dentro de la psique, reclamando atención y expresión. Escritores describen personajes que cobran vida propia, mientras que músicos hablan de melodías que parecen componerse por sí mismas. Estas experiencias muestran cómo los complejos creativos interactúan con la conciencia, influyendo en el acto creativo.

Los símbolos emergen como expresiones naturales de procesos inconscientes, portadores de significados múltiples que trascienden lo racional. La labor del artista consiste en darles forma sin reducir su riqueza, manteniendo el equilibrio entre inspiración inconsciente y trabajo consciente.

El proceso de individuación encuentra una poderosa manifestación en la creatividad. Trabajar con el inconsciente permite al artista integrar aspectos desconocidos de su psique, reflejando en sus obras etapas de crecimiento y transformación personal a través de cambios en estilo, tema o tono emocional.

El animus y el ánima, según Jung, aparecen en la obra creativa como figuras internas que guían al artista, mediando entre la conciencia y las profundidades psíquicas. Estas musas internas revelan la conexión entre las energías opuestas de la psique, influyendo poderosamente en la creación.

La sombra, inevitablemente, se filtra en la obra creativa. Temas oscuros o verdades incómodas se abren camino en el arte, confrontando tanto al creador como a su audiencia con aspectos rechazados de la psique individual y colectiva.

La creatividad opera como un mecanismo sanador natural. Cuando las estructuras conscientes se tornan rígidas, los impulsos creativos restablecen el equilibrio psicológico. No es casualidad que las crisis personales a menudo despierten un torrente creativo, ya que la psique busca completitud a través de la integración de sus partes fragmentadas.

El inconsciente colectivo se manifiesta en el arte de formas que trascienden la experiencia individual, tocando patrones universales que resuenan más allá de fronteras culturales o históricas. Esta capacidad de conectar con la esencia de la experiencia humana explica el poder del arte para conmover profundamente.

La obsesión cultural moderna por la originalidad puede interferir con la verdadera creatividad al priorizar el control consciente sobre el flujo inconsciente. Jung subrayaba que la autenticidad creativa requiere ceder al inconsciente sin abandonar el compromiso consciente, un equilibrio delicado pero esencial para que la creación sea genuina.

28. Contribución de Jung a la evaluación de la personalidad

¿Quién determina realmente los contornos de nuestra personalidad? En los albores de la psicología moderna, Carl Jung trazó un mapa de la mente humana que aún guía la manera en que comprendemos nuestras diferencias internas. Su legado no reside en fórmulas rígidas, sino en la apertura de un espacio dinámico para explorar la profundidad de nuestra psique.

Desde sus observaciones en el Hospital Burghölzli, Jung detectó patrones en cómo las personas interpretaban el mundo y tomaban decisiones. Estas percepciones evolucionaron en su teoría de los tipos psicológicos, una estructura compuesta por dos actitudes esenciales —introversión y extraversión— y cuatro funciones fundamentales: pensar, sentir, percibir e intuir. Juntas, estas dimensiones se combinan en configuraciones únicas que moldean quiénes somos.

Inspiradas por esta visión, Isabel Myers y Katharine Briggs buscaron traducirla en una herramienta práctica durante los días oscuros de la Segunda Guerra Mundial. Así nació el Indicador de Tipos de Myers-Briggs (MBTI)[9], que agregó la dimensión juicio-percepción para reflejar cómo interactuamos con el mundo exterior. Este instrumento no sólo aspiraba a describir la personalidad, sino a facilitar el desarrollo humano, ubicando a las personas en roles acordes a sus inclinaciones naturales.

Aunque el MBTI destacó por su accesibilidad, no es el único eco del pensamiento de Jung. Evaluaciones como el Inventario de Despliegue de Tipos de Singer-Loomis (SL-TDI) y el Test de Gray-Wheelwright[10] exploran las complejidades de las funciones junguianas, ofreciendo

---

[9] El MBTI, creado por Isabel Myers y Katharine Briggs en la década de 1940, es uno de los instrumentos de evaluación de personalidad más utilizados en el mundo, administrado a aproximadamente 2 millones de personas anualmente.

[10] Desarrollado por los psiquiatras Horace Gray y Joseph Wheelwright en la década de 1940, este test fue uno de los primeros intentos de crear una evaluación de tipos psicológicos más fiel a las teorías originales de Jung

perspectivas más detalladas de nuestra naturaleza psicológica.

El enfoque de Jung en la personalidad como un proceso dinámico marcó un contraste crucial con los métodos que intentaban etiquetar a las personas mediante rasgos fijos. Su influencia alentó el uso de las evaluaciones como herramientas para el crecimiento y la transformación personal, no como una mera categorización.

En los entornos laborales, los principios de Jung se han aplicado para fortalecer equipos, identificar líderes y orientar trayectorias profesionales. Sin embargo, la popularización de estas herramientas ha traído consigo simplificaciones excesivas. Jung enfatizó que sus tipos no eran cajas rígidas, sino orientaciones que revelan cómo fluye la energía psicológica en cada individuo. Este matiz se pierde a menudo en aplicaciones más genéricas.

El debate sobre la validez de estas evaluaciones continúa. Mientras algunos cuestionan su precisión psicométrica, otros destacan décadas de utilidad en el ámbito práctico. Este dilema refleja el desafío de transformar la riqueza de una teoría en métricas cuantificables sin perder su esencia.

El impacto de Jung trasciende las herramientas específicas, influyendo incluso en métodos modernos como las evaluaciones narrativas y técnicas proyectivas. Su énfasis en el inconsciente rompió con enfoques estrictamente conductistas, promoviendo una comprensión más rica de la personalidad.

En la actualidad, los avances en evaluación de la personalidad continúan adaptando las ideas de Jung a tecnologías contemporáneas, aunque a veces sacrificando profundidad por accesibilidad. No obstante, su legado perdura como un recordatorio de que nuestra personalidad es un proceso en constante evolución, y cualquier intento por medirla debe honrar esta complejidad.

Como dijo Jung: "La psicología tiene por misión decir la verdad sobre el alma humana." Sus teorías siguen siendo un puente entre la ciencia y el autoconocimiento, un faro para quienes buscan descifrar el misterio de su propio ser.

29. La ciencia y lo paranormal: Las investigaciones de Jung

En una era dominada por la mirada científica, que relegaba lo paranormal al reino de la superstición, Carl Jung se aventuró más allá de las fronteras convencionales del conocimiento. Con una mente analítica y una visión aguda, se dedicó a desentrañar las leyes que conectan la psique con la materia, cruzando los límites de la ciencia ortodoxa para explorar las profundidades de la conciencia.

Jung no era como sus contemporáneos, quienes descartaban lo inusual o lo aceptaban sin cuestionamientos. Ideó una metodología rigurosa que combinaba observación empírica y análisis psicológico. Este enfoque lo llevó a confrontar experiencias extraordinarias, como el famoso incidente de 1909 con Sigmund Freud. Mientras debatían sobre parapsicología, Jung predijo el crujido de una estantería en dos ocasiones consecutivas, una sincronía que Freud desestimó como coincidencia. Para Jung, sin embargo, este episodio marcó el inicio de su teoría de la sincronicidad, un principio de conexión sin causa entre mente y materia.

Sus investigaciones comenzaron en el Hospital Burghölzli, donde Jung documentaba meticulosamente experiencias anómalas reportadas por los pacientes. Diferenciaba entre patologías y fenómenos genuinos, empleando una metodología que incluía relatos de testigos, análisis fenomenológico y la búsqueda de patrones repetitivos. Este enfoque alcanzó su máxima expresión en su trabajo con médiums, donde exploró cómo los estados psicológicos influían en los mensajes mediumísticos, sugiriendo que ciertos casos desafiaban explicaciones ordinarias.

La colaboración con el físico Wolfgang Pauli[11] le permitió teorizar sobre el reino "psicoide", un espacio hipotético donde mente y materia convergen. Jung postuló que

---

[11] Wolfgang Pauli (1900-1958) fue un físico teórico ganador del Premio Nobel que colaboró extensamente con Jung en el desarrollo del concepto de sincronicidad. Su correspondencia duró más de 25 años

experiencias paranormales podrían ser manifestaciones de esta conexión, desafiando las nociones de causalidad lineal y proponiendo que sincronicidad era un principio fundamental de la naturaleza.

No se limitó a lo académico. En su libro sobre los ovnis, Jung analizó estos fenómenos como expresiones del inconsciente colectivo, comparándolos con visiones religiosas arquetípicas. De igual manera, al estudiar los poltergeists, concluyó que estos eventos a menudo estaban vinculados a intensos conflictos psicológicos, sugiriendo que la energía psíquica podía impactar el entorno físico de maneras aún inexplicadas.

Su interés por la alquimia reveló paralelismos históricos con los fenómenos paranormales. Jung descubrió que los alquimistas medievales ya habían notado cómo procesos físicos extraordinarios coincidían con experiencias psicológicas intensas, una interacción que la ciencia moderna apenas comenzaba a considerar.

La documentación exhaustiva de sueños precognitivos y telepatía reforzó su compromiso con la investigación científica de lo inusual. Analizó cientos de casos, proponiendo que algunos podrían derivar de la síntesis inconsciente de señales ambientales, mientras que otros apuntaban a formas de conocimiento que trascendían el tiempo y el espacio.

Jung también exploró las conexiones entre la experiencia religiosa y lo paranormal. Reconoció similitudes entre los fenómenos místicos y ciertos eventos inexplicables, sugiriendo que ambos podían emerger de las profundidades de la psique o de interacciones con una realidad trascendente. Este interés se profundizó tras su propia experiencia cercana a la muerte en 1944, donde percibió patrones que parecían abrir ventanas a niveles más profundos de existencia psíquica y material.

La obra de Jung demuestra que lo desconocido no debe ser descartado ni abrazado sin criterio. Sus exploraciones desafiaron las divisiones entre ciencia y espiritualidad, dejando un legado que sigue inspirando a quienes buscan comprender las conexiones ocultas entre el ser humano y el cosmos.

30. El legado de Carl Jung: Impacto en la Psicología y más allá

¿Cómo se mide realmente la relevancia de una vida? Las ideas de Carl Jung no se han limitado a un rincón de la psicología; han permeado la cultura, la ciencia y el pensamiento moderno de maneras que él mismo apenas podría haber imaginado. Su visión de la psique como un sistema autorregulado no solo encajó con la psicología de su tiempo, sino que anticipó principios fundamentales de teorías contemporáneas como la complejidad y la autoorganización. Estas conexiones no son meros ecos: son fundamentos que siguen guiando cómo exploramos lo humano.

El concepto de inconsciente colectivo, inicialmente recibido con escepticismo, ahora resuena profundamente en estudios de redes, teorías de sistemas y neurociencia. Mientras los avances en estas disciplinas han puesto al descubierto procesos de interconexión, adaptación y simbolismo, se vuelven un espejo de las ideas que Jung propuso con una precisión casi profética. Por ejemplo, la neuroplasticidad y las redes neuronales predicen la capacidad humana para integrar el inconsciente en la transformación personal, algo que Jung describió como individuación.

La relación entre la humanidad y la naturaleza, descrita por Jung como una «mística de la participación», cobra un nuevo sentido en el contexto de la crisis climática. Su intuición de que nuestra desconexión de la naturaleza era más que una cuestión cultural —era una herida psicológica—, ha encendido el pensamiento detrás de la eco-psicología y el activismo medioambiental. Abordar los desastres ecológicos ya no es simplemente técnico, sino que implica sanar esa relación primordial.

En los terrenos del trauma colectivo, su legado es igualmente transformador. Ver el dolor histórico como una fuerza modeladora de sociedades, y no simplemente como un lastre, ofrece caminos hacia la reconciliación que reconocen las sombras en lugar de huir de ellas. En este contexto, su insistencia en la integración de los aspectos oscuros de la psique individual y colectiva resulta tan vigente como poderosa.

Incluso en dominios como la inteligencia artificial, los arquetipos de Jung encuentran aplicaciones inesperadas. Estos marcos ofrecen herramientas para entender cómo proyectamos nuestras sombras en las máquinas que diseñamos, y cómo podríamos trabajar para humanizar nuestras relaciones con estas tecnologías emergentes. Esto demuestra que su obra no solo describe el pasado de la psique humana, sino que ayuda a moldear su futuro.

Quizás la huella más perdurable de Jung radique en su insistencia en abrazar el todo: luz y sombra, consciente e inconsciente, lo tangible y lo misterioso. En un mundo que parece fragmentarse más con cada avance, su llamado a la integración psicológica se vuelve un acto de resistencia y una brújula hacia la plenitud. Es aquí donde su obra brilla con mayor fuerza: como un recordatorio de que la psicología no trata solo de resolver, sino de comprender, abrazar y transformar.

Jung una vez escribió: 'Conocer tu propia oscuridad es el mejor método para tratar con la oscuridad de los demás'. Quizás, al final, esta sea su verdadera herencia: no respuestas definitivas, sino la valentía de mirar hacia lo desconocido y descubrir allí el germen de la humanidad.

Malcolm J. Austin

Fin

Sobre el Autor

Malcolm J. Austin (nacido en 1975) es un autor y maestro espiritual estadounidense, conocido por sus enseñanzas sobre el Nuevo Pensamiento y el desarrollo personal. Nacido y criado en Boston, Massachusetts, Austin desarrolló desde joven un profundo interés por la espiritualidad y el potencial de la mente humana.

Graduado en Psicología por la Universidad de Harvard, Austin comenzó a explorar diversas tradiciones filosóficas y espirituales, incluyendo el Nuevo Pensamiento, la psicología positiva y las prácticas de mindfulness. Su búsqueda lo llevó a estudiar con varios maestros espirituales contemporáneos, sintetizando sus enseñanzas con los principios del Nuevo Pensamiento.

Austin es un prolífico escritor y conferencista, compartiendo sus enseñanzas a través de libros, seminarios y plataformas digitales.

En sus enseñanzas, Austin enfatiza la importancia de la visualización creativa, la gratitud y la transformación de patrones mentales limitantes como claves para alcanzar el éxito financiero y la abundancia. Cree firmemente en el poder de la mente para crear la realidad y en la existencia de leyes universales que gobiernan la manifestación de nuestros deseos.

Austin también es conocido por incorporar elementos de la neurociencia moderna y la física cuántica en sus enseñanzas sobre la prosperidad, buscando tender puentes entre la ciencia contemporánea y los principios del Nuevo Pensamiento. Sostiene que muchos de los principios del éxito y la abundancia tienen bases tanto en la antigua sabiduría como en los descubrimientos científicos recientes.

A lo largo de su carrera, Austin ha formado a numerosos estudiantes en sus técnicas de visualización y manifestación, creando una comunidad global de seguidores a través de sus programas en línea y retiros presenciales. Sus ideas sobre la conexión entre la mente, la energía y la prosperidad están influyendo en una nueva generación de buscadores espirituales y emprendedores.

www.ingramcontent.com/pod-product-compliance
Lightning Source LLC
Chambersburg PA
CBHW060531100426
42743CB00009B/1488